Nuevo mañana 1

español Lengua Extranjera

Libro del alumno

A1

Curso para adolescentes

Descarga el audio en **www.anayaele.es**

ANAYA ñ ELE

Diseño del proyecto y programación didáctica
    Milagros Bodas
    Sonia de Pedro

Redacción: Isabel López Barberá
    M.ª Paz Bartolomé Alonso
    Pilar Alzugaray Zaragüeta
    Ana Isabel Blanco Gadañón

3.ª edición: 2018

© De la obra: Grupo Anaya S. A.
© De los dibujos, esquemas y gráficos: Grupo Anaya S. A.
© De esta edición: Grupo Anaya S. A., 2018

Depósito legal: M-33422-2017
ISBN: 978-84-698-4650-6
Printed in Spain

Equipo editorial
    Coordinación: Milagros Bodas
    Edición: Sonia de Pedro
    Corrección: Consuelo Delgado, Carolina Frías
    Ilustración: Pablo Espada
    Diseño y maquetación: Ricardo Polo y Alfredo Martín
    Diseño de cubierta: Ricardo Polo
    Edición gráfica: Nuria González
    Grabación: Texto Directo / Anaya Educación

Fotografías: Archivo Anaya (Cosano, P.), Maskot/Getty Images, 123RF.

Las normas ortográficas seguidas en este libro son las establecidas por la Real Academia Española en su última edición de la *Ortografía*.

Reservados todos los derechos. El contenido de esta obra está protegido por la Ley, que establece penas de prisión y/o multas, además de las correspondientes indemnizaciones por daños y perjuicios, para quienes reprodujeren, plagiaren, distribuyeren o comunicaren públicamente, en todo o en parte, una obra literaria, artística o científica, o su transformación, interpretación o ejecución artística fijada en cualquier tipo de soporte o comunicada a través de cualquier medio, sin la preceptiva autorización.

PRESENTACIÓN

NUEVO MAÑANA es un curso en tres niveles dirigido a adolescentes. Se han diseñado una programación y un esquema de unidad que contemplan las necesidades del profesorado y las peculiaridades de este alumnado.

Cada nivel del método se compone de Libro de Alumno (+ audio descargable), Cuaderno de Ejercicios y Libro del Profesor (+ audio descargable).

El objetivo de este primer nivel es que el estudiante adquiera una mínima competencia para desenvolverse en situaciones comunicativas cotidianas.

El Libro del Alumno está compuesto por Cuadro de programación, seis unidades, Apéndice gramatical, Transcripciones de los ejercicios audio y Glosario traducido a cinco idiomas (inglés, francés, alemán, italiano y portugués con su variante brasileña).

Cada unidad consta de **Presentación,** que incluye un título contextualizador de la viñeta, a modo de introducción de los contenidos fundamentales; **Para empezar,** destinada a la comprensión oral; **A trabajar,** donde se practican la gramática y el léxico; **Fíjate bien,** sección diseñada para conocer y trabajar la ortografía y la fonética. Este apartado se ha destacado gráficamente, con el fin de que el profesor conozca su ubicación y decida su estudio y práctica. **Tu lectura,** destinada a practicar la comprensión lectora a través de textos divulgativos; **Ahora habla,** sección para la expresión oral en grupos o en parejas. **Ahora juntos,** con actividades para practicar los contenidos fundamentales de forma global; **Para terminar,** destinada a la revisión de lo estudiado en la unidad; **Tu proyecto,** apartado pensado para que, de forma colaborativa, los estudiantes pongan en práctica de forma autónoma sus conocimientos; previamente se introduce una actividad que facilita la realización del proyecto.

Existen fichas con información gramatical y funcional llamadas *¿Sabes?,* que en muchos casos tienen una referencia al Apéndice gramatical, donde se amplía y explica ese contenido. También se incluye otro tipo de fichas que son llamadas de atención sobre temas culturales y otras curiosidades.

Algunos de los ejercicios audio se han grabado, además de en español de España, con alguna variante hispanoamericana (marcadas con una **H** al lado del ejercicio). Si el profesor lo cree conveniente, puede utilizar esta versión para mostrar las variantes fonéticas, léxicas y gramaticales que se recogen, con el fin de que el alumno se vaya familiarizando con la diversidad lingüística del español. ■

CUADRO DE PROGRAMACIÓN

LECCIÓN	FUNCIONES	GRAMÁTICA
1. LA CLASE Pág. 6	– Saludar, presentarse y despedirse. – Preguntar y decir el nombre y los apellidos, la dirección y la edad.	– Pronombres personales de sujeto. – El artículo. Las contracciones (*al, del*). – Género y número del sustantivo. – Interrogativos: ¿cómo?, ¿dónde?, ¿cuántos?
2. MI CASA Pág. 18	– Describir la vivienda y sus habitaciones. – Expresar existencia. – Situar en el espacio.	– Género y número en los adjetivos. – Preposiciones y expresiones de lugar. – *Hay / está(n)*.
3. EL CUMPLEAÑOS DE LA ABUELA Pág. 30	– Expresar relaciones familiares y hablar de los miembros de la familia. – Descripción física de las personas.	– Adjetivos y pronombres posesivos. – Adjetivos para la descripción de personas. – Adjetivos y pronombres demostrativos.
4. UN DÍA NORMAL Y CORRIENTE Pág. 42	– Hablar de acciones habituales. – Preguntar y decir la hora. – Expresar la frecuencia con que haces las cosas.	– Presente de indicativo regular e irregular.
5. HOY COMEMOS FUERA Pág. 54	– Pedir en un restaurante. – Expresar gustos y preferencias. – Mostrar acuerdo o desacuerdo en los gustos.	– Verbos *gustar* y *encantar*. – *A mí también / A mí tampoco; a mí sí / a mí no*. – Superlativos en *-ísimo*.
6. ¿QUÉ TE PASA? Pág. 66	– Expresar estados físicos y anímicos. – Hablar de síntomas y enfermedades. – Expresar condición y obligación, dar consejos.	– *Hay que* + infinitivo. – *Tener que / Deber* + infinitivo.

LÉXICO	ORTOGRAFÍA Y FONÉTICA	TU PROYECTO
– Expresiones para saludar y despedir. – Números del 0 al 30. – Muebles y objetos de la clase. – Países y nacionalidades.	– El alfabeto (grafías y sonidos).	– Una presentación de intercambio.
– Partes de la casa. – Muebles y objetos de la casa. – Adjetivos para la descripción de objetos.	– La *c*. – Las vocales.	– La casa ideal.
– Relaciones de parentesco. – Estado civil. – Fiestas y celebraciones. – Los meses del año.	– La *g* y la *j*.	– Las familias del mundo.
– Los días de la semana. – Asignaturas. – Medios de transporte. – Tareas de la casa.	– La *r* y la *rr*. – Sílabas tónicas y átonas.	– La agenda de tareas de la casa.
– Comidas y bebidas. – Partes del menú. – Locales donde comer.	– La *c* / *z*, la *q* y la *h*.	– Un menú equilibrado para una semana.
– Partes del cuerpo. – Prendas de ropa. – Estados físicos y anímicos. – Síntomas de enfermedades y remedios.	– La *b* y la *v*. – Uso de *e* / *u* por *y* / *o*.	– Un plan de salud.

UNIDAD 1
LA CLASE

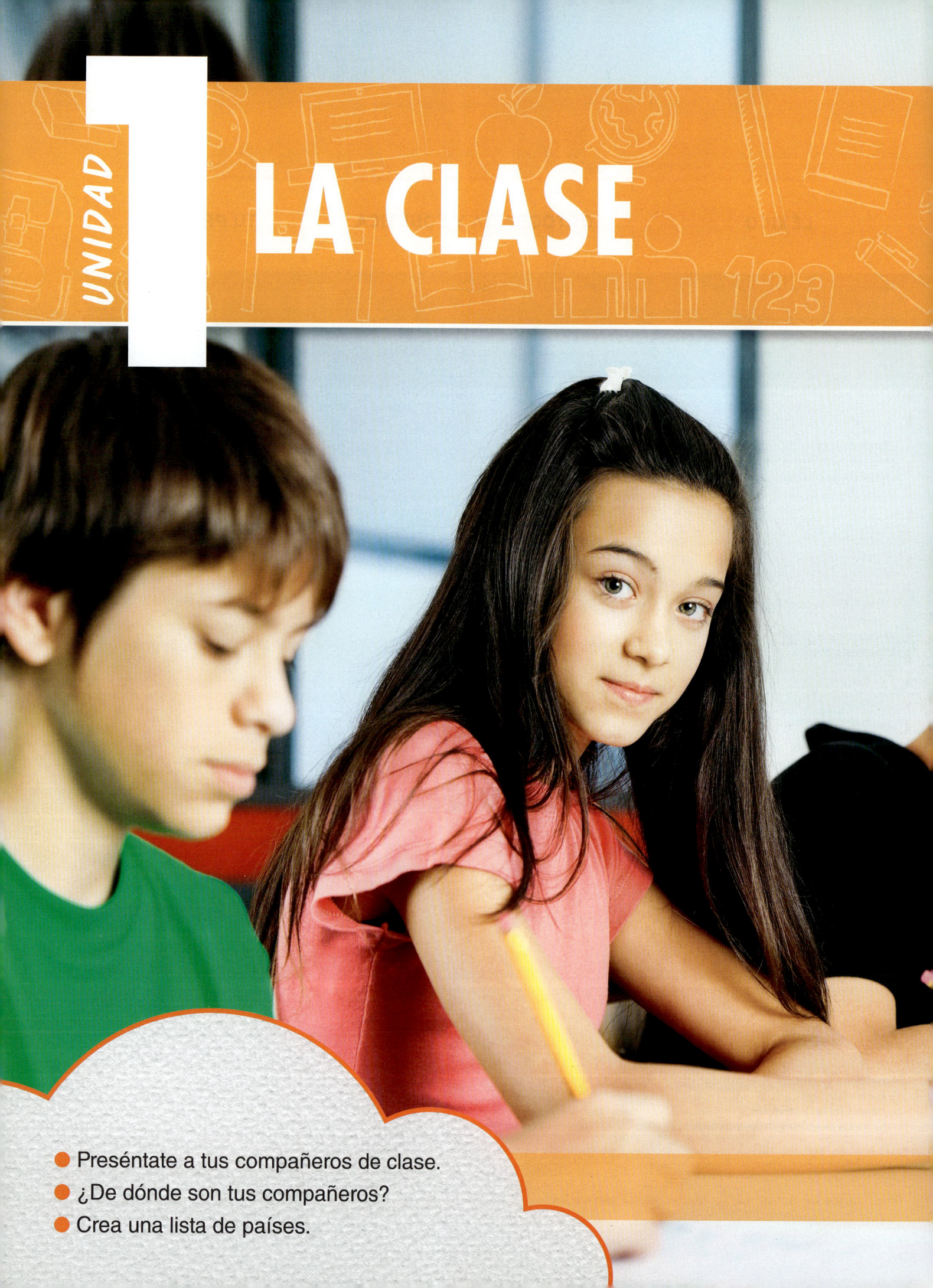

- Preséntate a tus compañeros de clase.
- ¿De dónde son tus compañeros?
- Crea una lista de países.

Objetivos

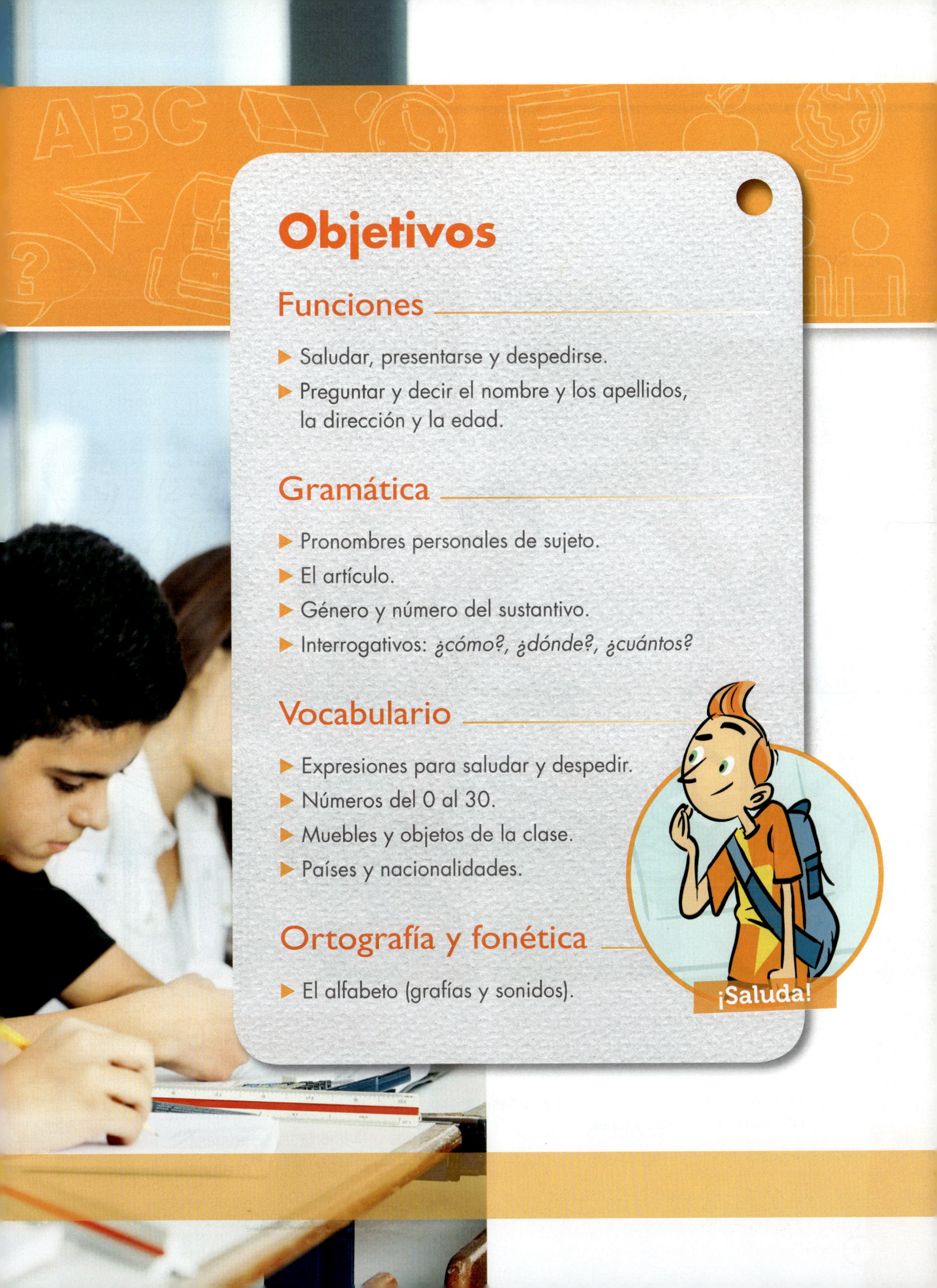

Funciones

- Saludar, presentarse y despedirse.
- Preguntar y decir el nombre y los apellidos, la dirección y la edad.

Gramática

- Pronombres personales de sujeto.
- El artículo.
- Género y número del sustantivo.
- Interrogativos: ¿cómo?, ¿dónde?, ¿cuántos?

Vocabulario

- Expresiones para saludar y despedir.
- Números del 0 al 30.
- Muebles y objetos de la clase.
- Países y nacionalidades.

Ortografía y fonética

- El alfabeto (grafías y sonidos).

¡Saluda!

1 LA CLASE DE ESPAÑOL

1 Observa y lee esta viñeta.

Buenos días. ¿Cómo estáis? Me llamo Juana García y soy la profesora de español.

pizarra

ventana

Hola. ¿Cómo te llamas?

Me llamo Laura.

Hola, ¿qué tal? Yo soy Mauro.

Hola, soy Roberta.

tiza

pupitre

bolígrafo

sacapuntas

silla

2 Lee las palabras del vocabulario y completa con ellas las casillas vacías.

VOCABULARIO

el libro
la mochila
la puerta
el lápiz
el cuaderno

el profesor
la papelera
la mesa
el alumno / la alumna

PARA EMPEZAR

comprensión oral

3 Escucha estos diálogos.

Paloma: ¡Hola!
Mauro: ¡Hola! ¿Qué tal?
Paloma: Bien. ¿Cómo te llamas?
Mauro: Me llamo Mauro. ¿Y tú?
Paloma: Paloma.
Mauro: ¿De dónde eres?
Paloma: Soy española. De Madrid.
Mauro: ¿Cuántos años tienes?
Paloma: Tengo 12 años.

Ana: ¡Buenas tardes!
Roberto: Buenas tardes.
Ana: Soy Ana Jiménez, la madre de Paloma Esteban.
Roberto: Encantado. Yo soy Roberto Ortega, el director del colegio. ¿De dónde es usted?
Ana: Soy de Madrid, pero ahora vivimos en esta ciudad.
Roberto: Bienvenida.
Ana: Gracias. ¡Hasta luego!
Roberto: Adiós.

> En España, el primer apellido suele ser el del padre y el segundo, el de la madre, pero en ocasiones este orden puede cambiar.

4 Contesta a estas preguntas.

1. **¿De dónde es Paloma?**
   Es de _____ .
2. **¿Cuántos años tiene Paloma?**
   Tiene _____ .
3. **Paloma es** _____ .
   a) un chico
   b) una chica
4. **¿Quién es Ana?**
   Es _____ .

■ Ahora, leed los diálogos anteriores.

SALUDOS

Buenos días.   Hasta luego. / Adiós.
Buenas tardes.   ¿De dónde eres?
Buenas noches.   Encantado/a.
¡Hola!   Gracias.

nueve **9**

A TRABAJAR
léxico / gramática

5 NOS PRESENTAMOS. Lee esta presentación.

¡Hola!

Me llamo Lucía Bustamante.
Soy profesora de Matemáticas.

Tengo 29 años.
Vivo en la calle Puerto, n.º 13.

Hablo inglés y español.

Soy mexicana.

¿Sabes?

Tú eres español.

Ellas (Paloma y Ana) son de Madrid.

Él (Roberto Ortega) es el director del colegio.

Vosotros estudiáis español.

En América Latina se usa *ustedes* en lugar de *vosotros*: Ustedes estudian español.

pág. 83

6 Ahora contesta a estas preguntas.

1. ¿Cómo te llamas? _____ .
2. ¿Cómo te apellidas? _____ .
3. ¿De dónde eres? _____ .
4. ¿Qué estudias? _____ .
5. ¿Cuántos años tienes? _____ .
6. ¿Dónde vives? _____ .

págs. 83-84

¿Sabes?

el / la
los / las
Es **la** silla de Lucía.
Son **los** libros de Luis.

pág. 80

7 Relaciona las frases con estas fotografías.

a) la**s** pintura**s** son de colore**s**
b) la niñ**a** es español**a**
c) lo**s** libro**s** son pequeño**s**
d) el chic**o** es brasileñ**o**

¿Sabes?

brasileñ**o** / brasileñ**a**;
español / español**a**;
mexican**o** / mexican**a**

pág. 79

1 
2 
3 
4

10 diez

8 Completa estas oraciones.

1. _____ ventana es pequeña.
2. Él es _____ director del colegio.
3. _____ mesas son amarillas.
4. Los _____ estudian en clase.
5. Ana _____ española.

¿Sabes?
de + el = del
a + el = al
él ≠ el
Él es *el* director.

9 Completa con los pronombres necesarios.

1. _____ soy Lucía.
2. _____ está en el colegio.
3. _____ eres española.
4. _____ viven en esta ciudad.
5. _____ tenéis doce años.
6. _____ estudiamos español.

pág. 83

10 LOS NÚMEROS. Escucha y después lee los números en español.

0 cero
1 uno
2 dos
3 tres
4 cuatro
5 cinco
6 seis
7 siete
8 ocho
9 nueve
10 diez
11 once
12 doce
13 trece
14 catorce
15 quince
16 dieciséis
17 diecisiete
18 dieciocho
19 diecinueve
20 veinte
21 veintiuno
22 veintidós
23 veintitrés
24 veinticuatro
25 veinticinco
26 veintiséis
27 veintisiete
28 veintiocho
29 veintinueve
30 treinta

pág. 79

11 Escribe el número de velas de cada imagen.

once 11

FÍJATE BIEN

ortografía / fonética: el alfabeto

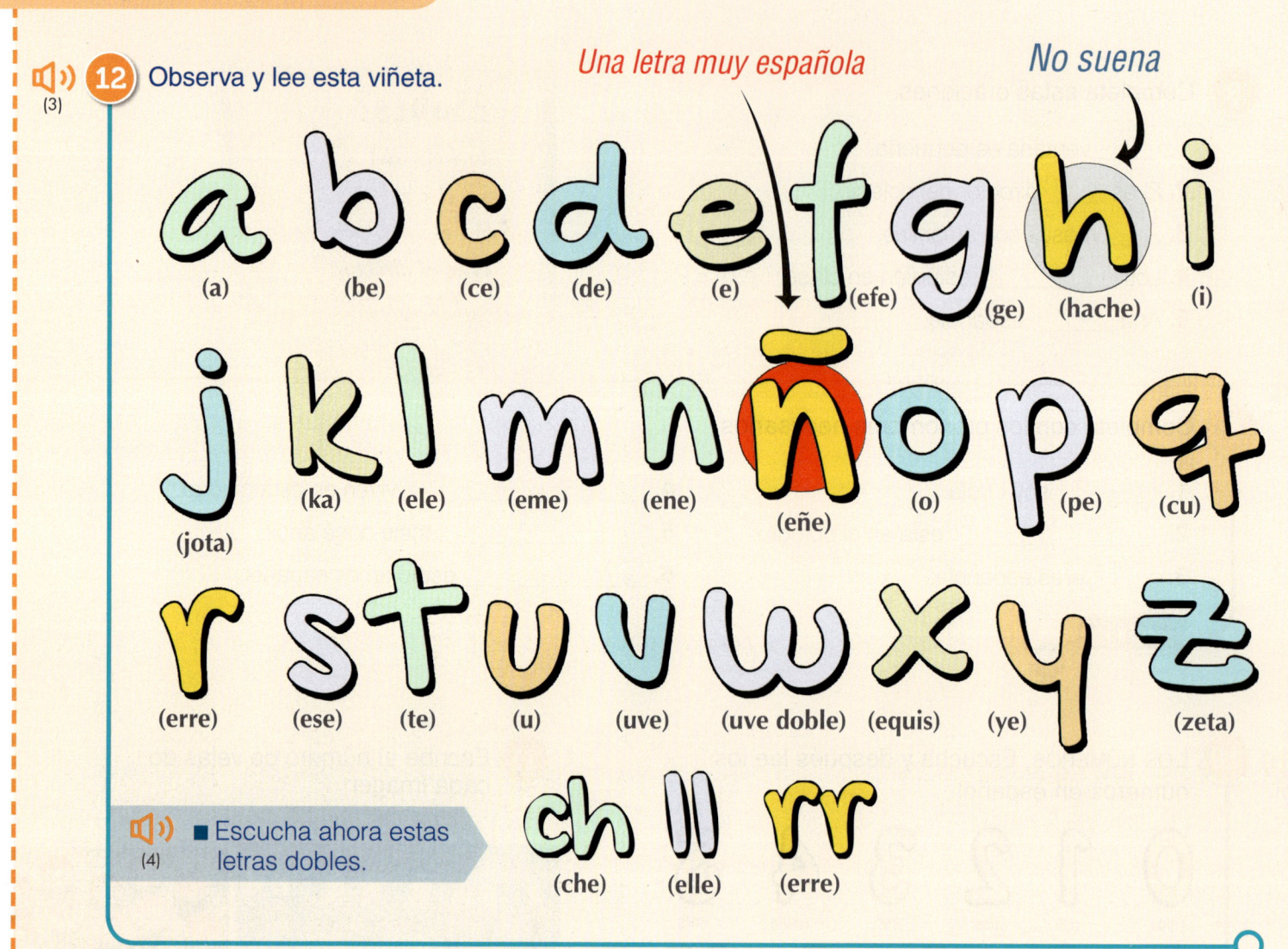

12 Observa y lee esta viñeta.

Una letra muy española → ñ

No suena → h

a (a) b (be) c (ce) d (de) e (e) f (efe) g (ge) h (hache) i (i)

j (jota) k (ka) l (ele) m (eme) n (ene) ñ (eñe) o (o) p (pe) q (cu)

r (erre) s (ese) t (te) u (u) v (uve) w (uve doble) x (equis) y (ye) z (zeta)

■ Escucha ahora estas letras dobles.

ch (che) ll (elle) rr (erre)

13 Deletrea estas palabras a tu compañero.

Alumno A
- Veinte
- Nosotros
- Yo

Alumno B
- Dieciocho
- Tres
- Cinco

■ Marca las palabras que deletrea tu compañero.

Alumno A
- Veinte ☐
- Diez ☐
- Uno ☐
- Yo ☐
- Colegio ☐
- Nosotros ☐

Alumno B
- Tres ☐
- Silla ☐
- Ventana ☐
- Dieciocho ☐
- Cinco ☐
- Mesa ☐

14 Escucha y repite estas palabras.

Argentina
Brasil
Colombia
Dinamarca
Ecuador
Francia
Guatemala
Honduras
Italia
Jamaica
Kenia
Lima
Marruecos
Namibia

E**s**paña
Oslo
Portugal
Quito
Caracas
El **S**alvador
Tailandia
Uruguay
Venezuela
Washington
Lu**x**emburgo
Yemen
Ama**z**onia

12 doce

TU LECTURA 1
comprensión lectora

15 Lee con atención esta presentación.

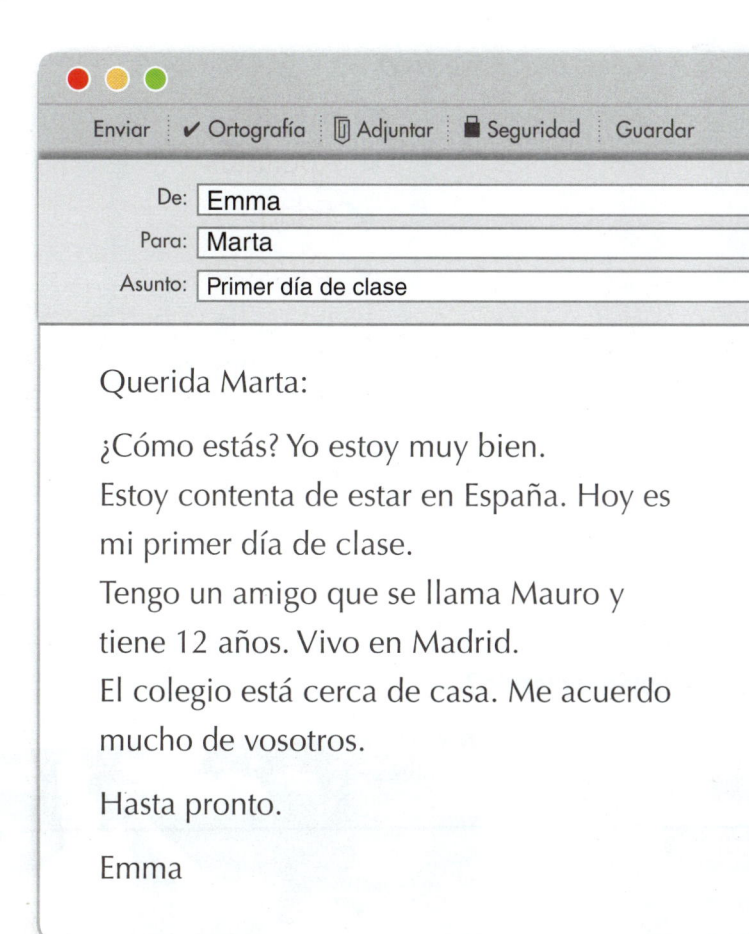

De: Emma
Para: Marta
Asunto: Primer día de clase

Querida Marta:

¿Cómo estás? Yo estoy muy bien.
Estoy contenta de estar en España. Hoy es mi primer día de clase.
Tengo un amigo que se llama Mauro y tiene 12 años. Vivo en Madrid.
El colegio está cerca de casa. Me acuerdo mucho de vosotros.

Hasta pronto.

Emma

---

16 Contesta verdadero o falso.

1. Emma no está contenta.
2. Emma vive en Barcelona.
3. La casa de Emma está lejos del colegio.
4. Su amigo se llama Pablo.
5. Emma vive en Madrid.
6. Es el último día del curso.

17 Relaciona ambas columnas.

1. Adiós
2. ¿Qué tal?   A. Hasta pronto
3. Encantada   B. Colegio
4. Escuela   C. ¿Cómo estás?
5. Hasta luego

trece 13

AHORA HABLA

expresión oral

18 Contesta de forma oral.

- ¿Cuál es tu dirección?
- ¿En qué calle vives tú?
- ¿Cuál es tu número de teléfono?
- ¿Qué idiomas estudias?
- Para saludar, ¿qué decimos?
- ¿Y para despedirnos?
- ¿Cuántos amigos tienes?
- ¿Tienes algún amigo en otro país? ¿Dónde?
- ¿Dónde vives: cerca o lejos del colegio?

19 Presenta a tu compañero con estos datos.

- ✔ Nombre
- ✔ Apellidos
- ✔ Edad
- ✔ Dirección:
  - calle
  - número
  - ciudad
- ✔ Teléfono

20 Fíjate en estos personajes. ¿Qué crees que están diciendo?

- Adiós
- ¿Qué tal?
- ¿Qué tal estás?
- Hasta luego
- Buenas noches
- Hasta mañana

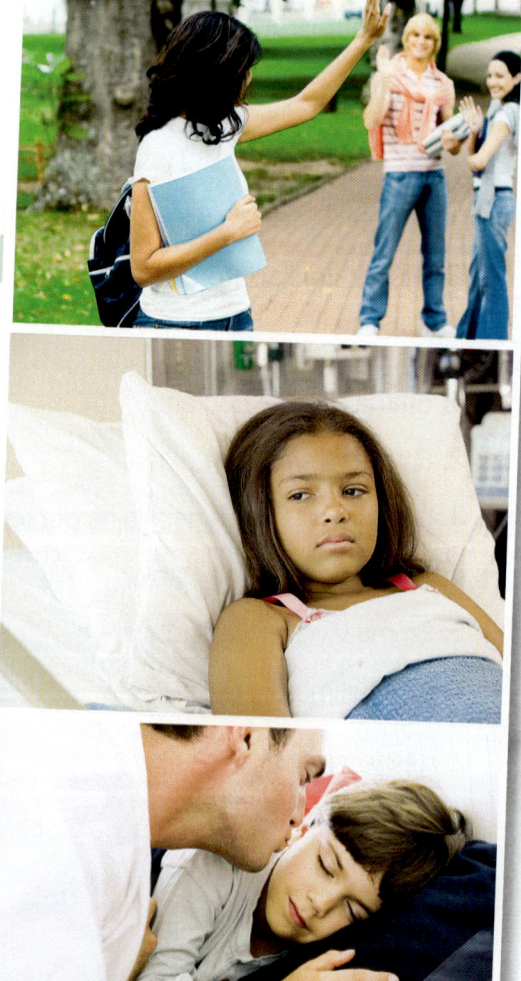

AHORA JUNTOS 1
práctica global

21 ¿Qué hay en la ficha del equipo contrario? Sigue las instrucciones del profesor.

– ¿Cuántas letras tiene?
– ¿Singular o plural?
– ¿Femenino o masculino?
– ¿La primera letra es la …?

■ Gana el equipo que acierta más palabras en menos tiempo.

22 Dictado. Escribe las oraciones que te dicta tu profesor.

1. _____ .
2. _____ .
3. _____ .
4. _____ .

23 Relacionad las palabras con las fotos.

bolígrafo ☐   papelera ☐
sacapuntas ☐   tiza ☐
mapa ☐   puerta ☐
borrador ☐   cuaderno ☐
pizarra ☐   mochila ☐

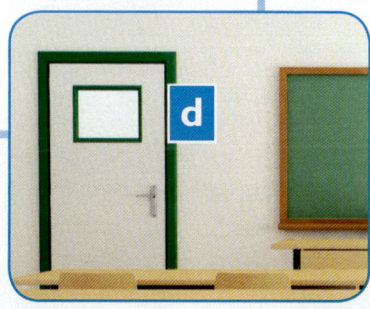

quince **15**

PARA TERMINAR
repaso y autoevaluación

24 Relaciona.

- Vosotros
- Nosotros
- Ellos

- yo + tú
- él + ella
- ella + tú

25 Contesta rápido.

1. Un saludo. _____ .
2. Una despedida. _____ .
3. Dos números. _____ .
4. Deletrea tu apellido. _____ .
5. Un objeto de la clase masculino plural. _____ .
6. Un objeto de la clase femenino singular. _____ .

26 Busca la palabra intrusa.

1. Mesa, hola, silla, libro.
2. Ventana, niño, alumno, profesor.
3. Tener, ser, catorce, vivir.
4. Uno, dos, cuatro, ocho.

27 Completa las preguntas con estas palabras.

- cuántos
- qué
- dónde
- cómo

1. ¿De _____ es usted?
2. ¿_____ sois en la clase de español?
3. ¿_____ tal está la abuela?
4. ¿_____ se llama el profesor de español?

28 Corrige los errores.

1. –Buenos días. ¿Cómo estoy?
   _____
   –Bien. ¿Y yo?
   _____
   –También mal.
   _____

2. ¿Cuánto años tienes?
   _____

3. ¿Dónde vives Ana y Paloma?
   _____

4. ¿De dónde es Ana y Marta?
   _____

16 dieciséis

1

Comprueba lo que sabes hacer

Fijaos bien en estas familias: en los padres y en las madres, en las chicas y en los chicos.

Daniel Baena

Marta García

Elena Baena

Lucas Sarmiento Blanco

Santiago Sarmiento y Susana Blanco

Luisa García

1. ¿Quiénes son los padres de Lucas?
2. ¿Y la madre de Marta?
3. ¿Cómo se llama el papá de Elena?

TU PROYECTO

UNA PRESENTACIÓN DE INTERCAMBIO

▶ Elegid una familia. Vais a hacer un intercambio con un chico o una chica de otro país.

▶ Redactad vuestra presentación, con una foto. Tenéis que decir:
  – Cómo os llamáis. Qué edad tenéis. Dónde vivís.
  – Vuestras aficiones.

▶ Presentadla en clase.

UNIDAD 2 MI CASA

- ¿Cómo es tu casa? Marca cuáles de estas cosas hay en tu habitación: *cama, ventana, mesa, libros, armario*. ¿Puedes añadir alguna más?

Objetivos

Funciones

- Describir la vivienda y sus habitaciones.
- Expresar existencia.
- Situar en el espacio.

Gramática

- Género y número del adjetivo.
- Preposiciones y expresiones de lugar.
- *Hay / está(n)*.

Vocabulario

- Partes de la casa.
- Muebles y objetos de la casa.
- Adjetivos para la descripción de objetos.

Ortografía y fonética

- La *c*.
- Las vocales.

Tu habitación

2 ESTA ES MI CASA

1 Observa y lee esta viñeta.

Mira mi casa. Es grande y luminosa. Mi habitación es mi sitio favorito. Tiene una terraza con plantas.

¡Qué bonita!

pared • DORMITORIO • lámpara • CUARTO DE BAÑO • lavabo • SALÓN • techo • sofá • PASILLO • frigorífico • fregadero • suelo

2 Lee las palabras del vocabulario y completa las casillas vacías.

VOCABULARIO

la terraza   el armario
la cocina   la lavadora
la cama   el sillón
la estantería el espejo

PARA EMPEZAR 2

comprensión oral

3 Escucha cómo son las casas de Julia y María. Después escribe qué plano corresponde a cada una.

(6)

Es la casa de _____.

La casa de Julia

Mi casa está en el centro de Madrid. Es un piso y tiene una terraza. Hay tres dormitorios, un salón, una cocina y dos cuartos de baño. El salón es muy grande; hay un sofá, dos sillones, una mesa y una televisión. En un cuarto de baño hay una bañera y en el otro, una ducha.

La casa de María

Yo vivo en una casa a las afueras. Mi casa tiene cuatro habitaciones, un cuarto de baño, una cocina y un salón. En el salón hay una mesa y un sofá. También hay un pequeño jardín.

Es la casa de _____.

4 Contesta a estas preguntas.

1. **¿Dónde está la casa de Julia?**
   Está en _____.
2. **¿Cuántas habitaciones tiene la casa de María?**
   Tiene _____.
3. **¿Qué hay en el salón de María?**
   Hay _____.
4. **¿Cómo es el salón de Julia?**
   Es _____.

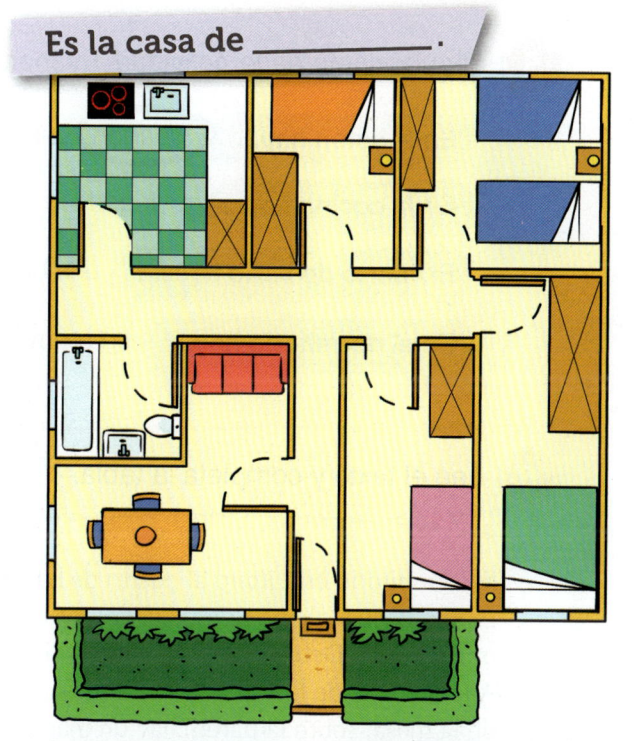

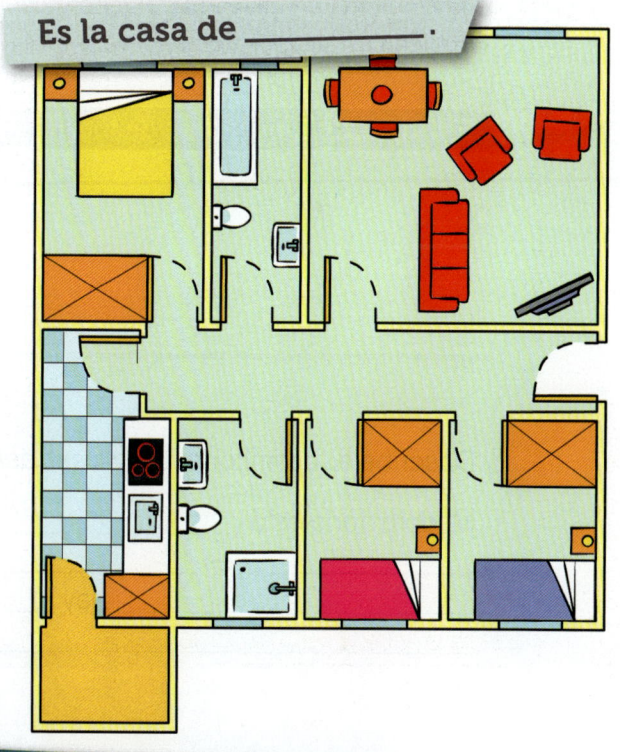

● LOCALIZAR

A las afueras.   A la izquierda.
En el centro.   Al lado.
A la derecha.

veintiuna 21

A TRABAJAR
léxico / gramática

5 Mira la viñeta de la actividad 1 y marca los objetos que hay.

En el salón hay... un sillón / una lavadora / una mesa / un cuadro

En la cocina hay... un frigorífico / una mesa / un fregadero / un sofá

El cuarto de baño tiene... una bañera / una televisión / un lavabo / un sofá

En el dormitorio hay... una cama / un espejo / una estantería / un lavavajillas

6 Lee el texto y completa la tabla.

Mi dormitorio está junto al cuarto de baño. Es luminoso y alegre porque tiene una ventana muy grande. Debajo de la ventana está la cama. A la derecha de la cama hay una mesa. Encima de la mesa, sobre la pared, hay un mapa. A la izquierda del mapa hay algunos cuadros. También hay algunos libros sobre la mesa.

Cualidades	Expresiones de lugar	Muebles/objetos
Luminoso	Junto al	Cama

¿Sabes?
✓ *Hay* + *un/a/os/as* → indica existencia.
✓ *Ser* se utiliza para describir.
✓ *Estar* se utiliza para situar.

págs. 80-81

7 Describe tu dormitorio. Utiliza *ser*, *estar* y *hay*.

Mi dormitorio está _____
_____; es _____
_____; hay _____
_____

8 Mira el dibujo y encuentra las cosas que Paloma necesita para el colegio. ¿Dónde están? Escribe en tu cuaderno.

Ej.: *Los lápices están encima de la mesa.*

¡Vaya desorden!

9 Escucha y numera las fotos según el orden en que oyes las palabras.

(7)

10 Escribe debajo de cada objeto el color correspondiente.

● Rojo   ● Amarillo   ● Marrón   ● Negro
● Azul   ● Verde   ○ Blanco

¿Sabes?
Una casa pequeña.
Un jardín pequeño.
Un jardín grande.
Una casa grande.

pág. 80

11 En parejas. ¿Cómo son y dónde están los objetos anteriores? Utilizad *ser* y *estar*.

Ej.: *El sofá es rojo y está en el salón.*

_____
_____
_____
_____

veintitrés 23

FÍJATE BIEN

ortografía / fonética: la *c* y las vocales

12 Lee y subraya con una línea las palabras que tienen el sonido [k] y con dos líneas las que tienen el sonido [θ].

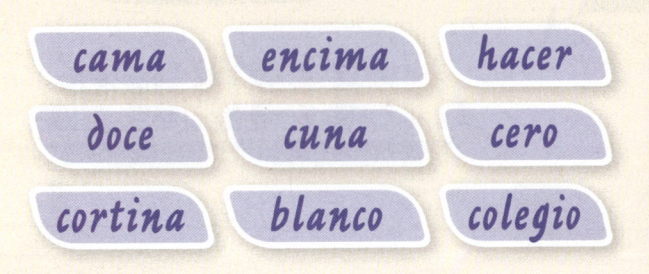

cama   *encima*   *hacer*
doce   *cuna*   *cero*
cortina   *blanco*   *colegio*

¿Sabes?

→ *c + a, o, u* se pronuncia [k]: *casa*.
→ *c + e, i* se pronuncia [θ]: *cenar*.

13 (8) Ahora escucha y escribe.

1. _____
2. _____
3. _____
4. _____
5. _____
6. _____
7. _____
8. _____
9. _____
10. _____

14 (9) En español solo existen cinco vocales. Escucha y aprende a pronunciarlas.

15 Escribe palabras que contengan estas vocales. Después díctalas a tu compañero.

TÚ →

DICTADO →

TU LECTURA 2

comprensión lectora

16 Lee y relaciona las fotos con los textos.

Nosotros vivimos en el centro de la ciudad. Nuestro apartamento es antiguo. Tiene un dormitorio, una cocina muy luminosa y un baño completo. Tiene dos balcones. Es exterior.

El piso de mis abuelos es precioso. Está en una urbanización. Tiene un salón con una terraza muy grande, cuatro habitaciones y un jardín con piscina.

Yo vivo en un chalé nuevo, con cuatro habitaciones, cocina grande, un salón y un comedor, dos baños y un pequeño jardín.

A

B

C

17 Traduce a tu lengua.

Balcón: _____
Urbanización: _____
Comedor: _____
Exterior: _____

18 Lee estas oraciones relacionadas con los textos anteriores, encuentra los errores y corrígelas.

1. El salón del piso es pequeño.
   _____

2. El apartamento tiene terraza.
   _____

3. En el apartamento hay dos baños.
   _____

4. La cocina del chalé es pequeña.
   _____

19 Lee este anuncio. Después, escríbelo con los verbos que faltan.

Piso exterior. Gran salón con terraza, comedor, tres habitaciones. Cocina pequeña y baño completo. Con jardín.

AHORA HABLA
expresión oral

20 ¿Qué cosas hay en tu mochila? ¿Cómo son? Hablad entre vosotros.

Ej.: *En mi mochila hay un libro azul, dos bolígrafos, etc.*

21 Describe este cuadro con tus compañeros.

La habitación de Van Gogh

22 VEO, VEO. Piensa en un objeto de la clase y di dónde está y cómo es. Tus compañeros tienen que adivinarlo.

Ej.: *Es verde y está detrás del profesor.*

¡Es la pizarra!

23 Mira la imagen y pregunta a tu compañero utilizando ¿cómo?, ¿cuántos? y ¿dónde? Él tiene que responder.

Tú	*¿Cuántos libros hay en la estantería?*
Tu compañero/a	_____
Tú	_____
Tu compañero/a	_____
Tú	_____
Tu compañero/a	_____
Tú	_____
Tu compañero/a	_____
Tú	_____
Tu compañero/a	_____

26 veintiséis

AHORA JUNTOS 2

práctica global

24 Escucha y escribe cada número en el escenario del teatro.
(10)

25 Escribid el nombre de cada objeto y de la habitación donde está.

■ Ahora, escribid otros objetos y muebles de esas habitaciones.

26 Completad en parejas.

En la clase hay...
- En la clase **hay una puerta.**
_____
_____
_____

... está en / a ...
- La puerta **está a la derecha** de la pizarra.
_____
_____
_____

Mi habitación es ...
- Mi habitación **es grande.**
_____
_____
_____

En mi habitación no hay ...
- En mi habitación **no hay dos ventanas.**
_____
_____
_____

veintisiete 27

PARA TERMINAR

repaso y autoevaluación

27 Completa el texto con los verbos *hay, estar, ser* y *tener*.

Mi casa

En mi casa _____ tres dormitorios. _____ muy grandes. Mi casa _____ dos cuartos de baño. En el salón _____ una mesa y cuatro sillas. La cocina _____ pequeña y _____ al lado del salón. En las paredes del pasillo _____ tres cuadros muy grandes. La pared de mi habitación _____ amarilla y mi cama _____ muy grande.

28 Busca la palabra intrusa.

- cocina   baño   ventana   salón
- lavabo   bañera   sofá   ducha
- mesilla   cama   cocina   estantería
- lámpara   cortina   cuadro   dormitorio

29 Relaciona ambas columnas.

pequeño	blanco
negro	grande
alto	suelo
techo	bajo

30 Completa y contesta.

1. El color del cielo en un día de sol es _____.
2. Dos muebles que hay en la cocina y dos que hay en el dormitorio: _____.
3. Los colores de la bandera de tu país son: _____.
4. El fregadero está en _____.

Comprueba lo que sabes hacer

2

Leed la descripción que Isabel hace del dormitorio de su hermano. ¿A qué imagen se refiere?

El dormitorio de Juan es pequeño pero luminoso. Tiene una pequeña mesa de estudio blanca debajo de la ventana. Y a la derecha de la mesa hay una mesilla. La cama está situada encima de los armarios y necesita una escalera para subir. ¡A los dos nos encanta dormir arriba!

En la cama hay estanterías para guardar libros y juguetes.

Hay una alfombra debajo de la silla de estudio.

Tiene cuadros en la pared al lado de su cama.

Los muebles son modernos y en la habitación entra mucha luz.

A mi hermano y a mí nos gusta el orden.

Las paredes son de color blanco y verde. La cama es de madera de pino y los muebles son blancos.

A
B
C

TU PROYECTO

LA CASA IDEAL

- ▶ Haced el plano de vuestra casa ideal en una cartulina grande.
- ▶ Describid cuántas habitaciones tiene y cómo son.
- ▶ Buscad en revistas imágenes de objetos para pegar en el plano.
- ▶ Presentad el póster en clase y explicad cada parte.

UNIDAD 3
EL CUMPLEAÑOS DE LA ABUELA

- ¿Cómo es tu familia? ¿Es grande o pequeña?
- ¿Tienes hermanos o hermanas? ¿Cuántos?

Objetivos

Funciones

- Expresar relaciones familiares y hablar de los miembros de la familia.
- Describir personas.

Gramática

- Los posesivos.
- Adjetivos para la descripción de personas.
- Los demostrativos.

Vocabulario

- Relaciones de parentesco.
- Fiestas y celebraciones.
- Los meses del año.

Ortografía y fonética

- La *g* y la *j*.

Esta es mi familia

3 ¡FELIZ CUMPLEAÑOS!

1 Julio nos presenta a su familia. Observa y lee.

Hoy es el cumpleaños de mi abuela María y esta es mi familia. Mi padre lleva bigote y mi madre está a su lado, es muy guapa, ¿verdad? La niña rubia es mi hermana Laura. Tomás y Javier son mis primos. También están sus padres, mi tío Juan y mi tía Soledad. Mi tío es hermano de mi padre.

2 Mira el dibujo y completa estas oraciones con las palabras del vocabulario.

1. María es la _____ de Julio, Laura, Tomás y Javier.
2. Julio, Laura, Tomás y Javier son _____
3. La madre de Julio y Laura es _____
4. Laura es la _____ de Julio.
5. Soledad es la _____ de Julio.

VOCABULARIO

el abuelo / la abuela
el padre / la madre
el primo / la prima
el hermano / la hermana
el tío / la tía

PARA EMPEZAR 3
comprensión oral

3 Escucha a Julio hablar de su familia.

3.1 Escribe el nombre de todos los miembros de su familia.

3.2 Escucha de nuevo y completa el árbol genealógico de la familia de Julio.

4 Completa con estas palabras.

tíos - mujer - tía - prima - abuela

1. María es la _____ de Julio.
2. Soledad es la _____ de Juan.
3. Eva es _____ de Julio, Laura, Javier y Tomás.
4. Juan y Lola son los _____ de Julio y Laura.
5. Celia es _____ de Eva.

5 Lee estas oraciones. Después traduce a tu lengua las palabras y expresiones del recuadro.

1. Laura es hija de Pedro y Celia.
2. Tomás es sobrino de Pedro.
3. Julio, Laura, Tomás, Javier y Eva son los nietos de María.

LA FAMILIA

Marido / mujer.
Sobrino/a.
Nieto/a.
Estar casado/a.
Estar divorciado/a.
Estar soltero/a.
Tener un hijo / una hija.

treinta y tres 33

A TRABAJAR
léxico / gramática

6 Escribe el árbol genealógico de tu familia.

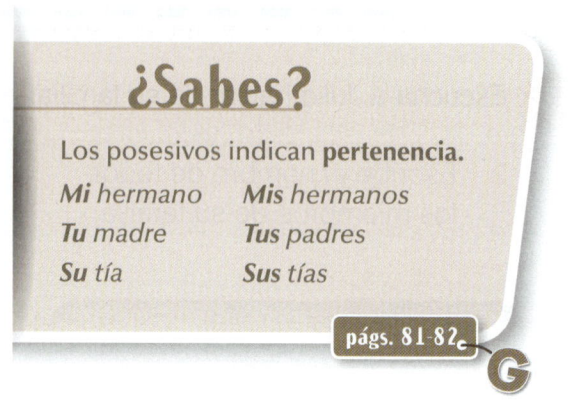

abuelos

yo

¿Sabes?
Los posesivos indican **pertenencia**.

Mi hermano   *Mis* hermanos
Tu madre   *Tus* padres
Su tía   *Sus* tías

págs. 81-82

6.1 Escribe sobre tu familia siguiendo el ejemplo.

Ej.: *Mi* madre se llama Sara y *mi* padre _____

6.2 Mira el árbol de tu compañero y escribe los nombres de su familia.

Ej.: *Sus* hermanos son _____

7 Lee la ficha y completa las oraciones con *este, esta, estos* y *estas*.

¿Sabes?
Este es mi abuelo.
Esta es mi hermana.
Estos son mis primos.
Estas son mis tías.

pág. 82

1. _____ es mi padre.
2. _____ es mi madre.
3. _____ son mis hermanos.
4. _____ son mis primas.
5. _____ son mis abuelos.

8 Lee, mira las fotos y escribe el nombre de cada persona junto a su descripción.

- Es gordita, tiene el pelo blanco y corto. Tiene gafas.
_____

- Es rubia, tiene el pelo largo y liso.
_____

- Es delgado y moreno. Lleva bigote y gafas de sol.
_____

Elena   María   Juan

pág. 80

34 treinta y cuatro

9 Mira la viñeta de la primera página y describe a estos personajes.

Celia
Es _____
Tiene _____
Lleva _____

Tomás
Es _____
Tiene _____

Juan
Es _____
Tiene _____
Lleva _____

10 Pregunta a tu compañero qué día es su cumpleaños, señala la fecha en el calendario y escribe oraciones en tu cuaderno.

Ej.: < ¿Cuándo es tu cumpleaños?
> Mi cumpleaños es el 16 de mayo. ¿Y el tuyo?
< El mío es…

L	M	X	J	V	S	D
				1	2	3
4	5	6	7	8	9	10
11	12	13	14	15	**16**	17
18	19	20	21	22	23	24
25	26	27	28	29	30	31

¡Atención! En español, los nombres de los meses y las estaciones se escriben en minúscula.

enero   julio
febrero   agosto
marzo   septiembre
abril   octubre
mayo   noviembre
junio   diciembre

invierno   verano
primavera   otoño

■ Señala en el calendario cinco fechas importantes para ti.

11 Relaciona ambas columnas.

1. Vuestros libros son azules.
2. Mi abuelo es alto.
3. Mi mujer es rubia.
4. Tus hermanos son muy guapos.
5. El cumpleaños de mi madre es en junio.

• La mía es pelirroja.
• Y los tuyos también.
• Los míos son rojos.
• El de la mía es en enero.
• El mío es bajito.

¿Sabes?

✓ Un solo poseedor
Mi cumpleaños → El mío
Tu casa → La tuya
Su amiga → La suya

✓ Varios poseedores
Nuestro primo → El nuestro
Vuestra tía → La vuestra
Su casa → La suya

págs. 81-82

treinta y cinco **35**

FÍJATE BIEN

ortografía / fonética: la *g* y la *j*

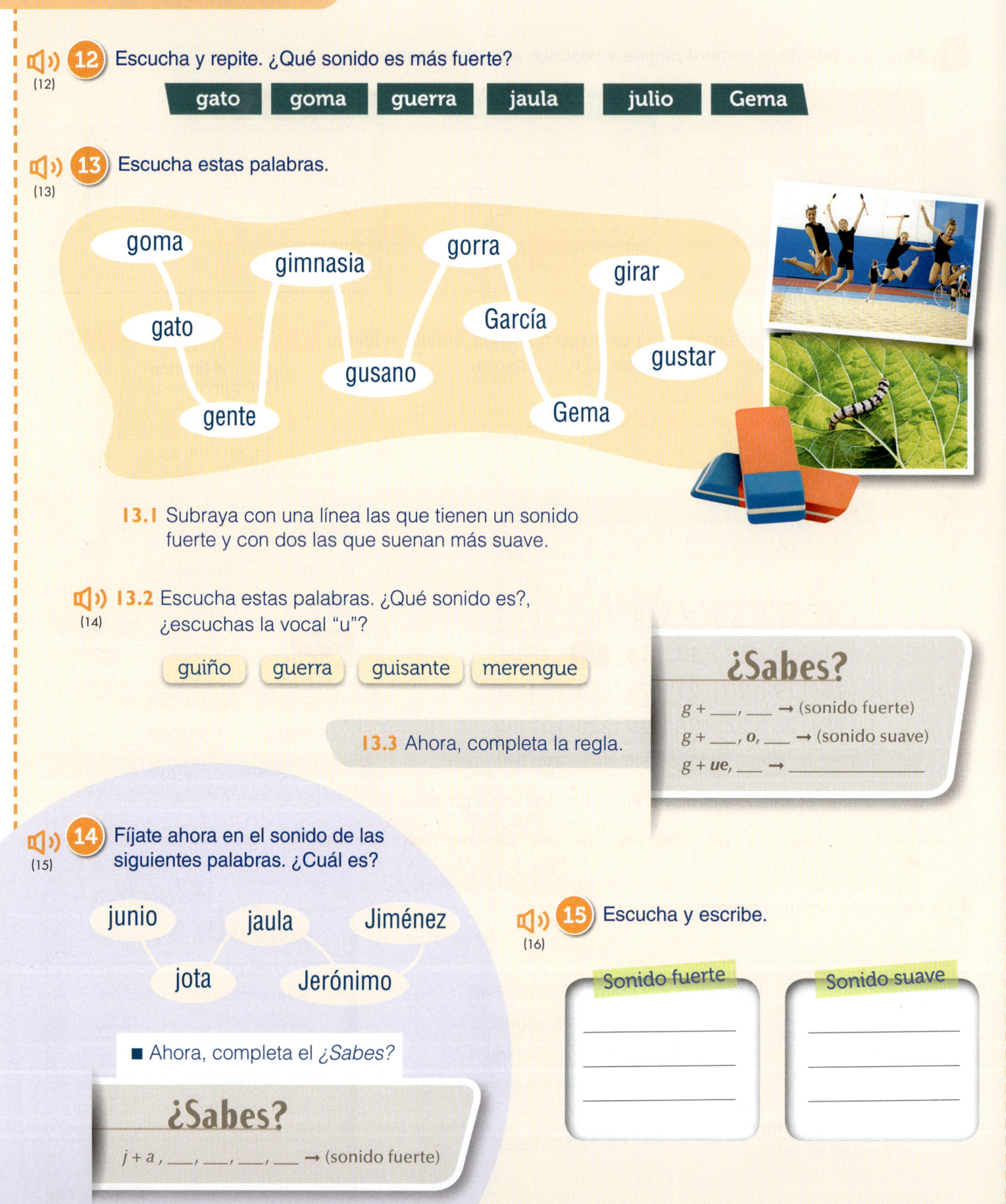

12 Escucha y repite. ¿Qué sonido es más fuerte?
(12)

gato   goma   guerra   jaula   julio   Gema

13 Escucha estas palabras.
(13)

goma · gimnasia · gorra · girar · gato · García · gusano · gustar · gente · Gema

13.1 Subraya con una línea las que tienen un sonido fuerte y con dos las que suenan más suave.

13.2 Escucha estas palabras. ¿Qué sonido es?, ¿escuchas la vocal "u"?
(14)

guiño   guerra   guisante   merengue

13.3 Ahora, completa la regla.

¿Sabes?
g + ___, ___ → (sonido fuerte)
g + ___, o, ___ → (sonido suave)
g + *ue*, ___ → _____

14 Fíjate ahora en el sonido de las siguientes palabras. ¿Cuál es?
(15)

junio   jaula   Jiménez   jota   Jerónimo

■ Ahora, completa el *¿Sabes?*

¿Sabes?
j + *a* , ___, ___, ___, ___ → (sonido fuerte)

15 Escucha y escribe.
(16)

Sonido fuerte | Sonido suave
_____ | _____
_____ | _____
_____ | _____

TU LECTURA 3
comprensión lectora

DE FIESTAS

16 Lee el texto y escribe el nombre de cada fiesta junto a la foto.

Inicio | Dónde comer | Alojamiento | **De fiestas** | Qué ver

En España se celebran muchas fiestas:

- El 25 de diciembre se celebra la **Navidad**. Este día los españoles se reúnen con su familia para comer. La Navidad es una fiesta muy importante para todos. La ciudad se ilumina con luces de colores.

- El **Día de Reyes** es el 6 de enero. Es la fiesta preferida de los niños. Ese día todos reciben muchos regalos. El Día de Reyes se celebra en toda España, como la Navidad.

- Cada pueblo y ciudad celebra su fiesta una vez al año. Una muy importante son las **Fallas** en Valencia (es la fiesta del fuego).

- Los **Carnavales** de Cádiz y de Tenerife tienen mucha fama. En el carnaval de Cádiz, existen las famosas "chirigotas". Son grupos que cantan canciones de humor sobre temas actuales de la sociedad.

En Tenerife destaca la gala de elección de la reina del Carnaval. Las reinas visten trajes espectaculares que pueden pesar ¡entre 150 y 200 kilos!

17 Contesta a las preguntas.

1. ¿Qué fiesta se celebra en España con fuego? _____
2. ¿En qué día se reúne la familia para comer? _____
3. ¿Qué día reciben regalos los niños? _____
4. Explica con tus palabras qué son las chirigotas. _____

treinta y siete 37

AHORA HABLA

expresión oral

18 Dile la fecha de una fiesta importante a tu compañero, él te dirá de qué fiesta se trata.

Ej.: *El 25 de diciembre / El 25 de diciembre se celebra la Navidad.*

19 Completa el árbol genealógico de Pilar. Pregunta a tu compañero. No mires su árbol.

Ej.: *¿Cómo se llama el padre de Pilar? / Se llama Emilio. ¿Y su madre? / Su madre se llama Mamen.*

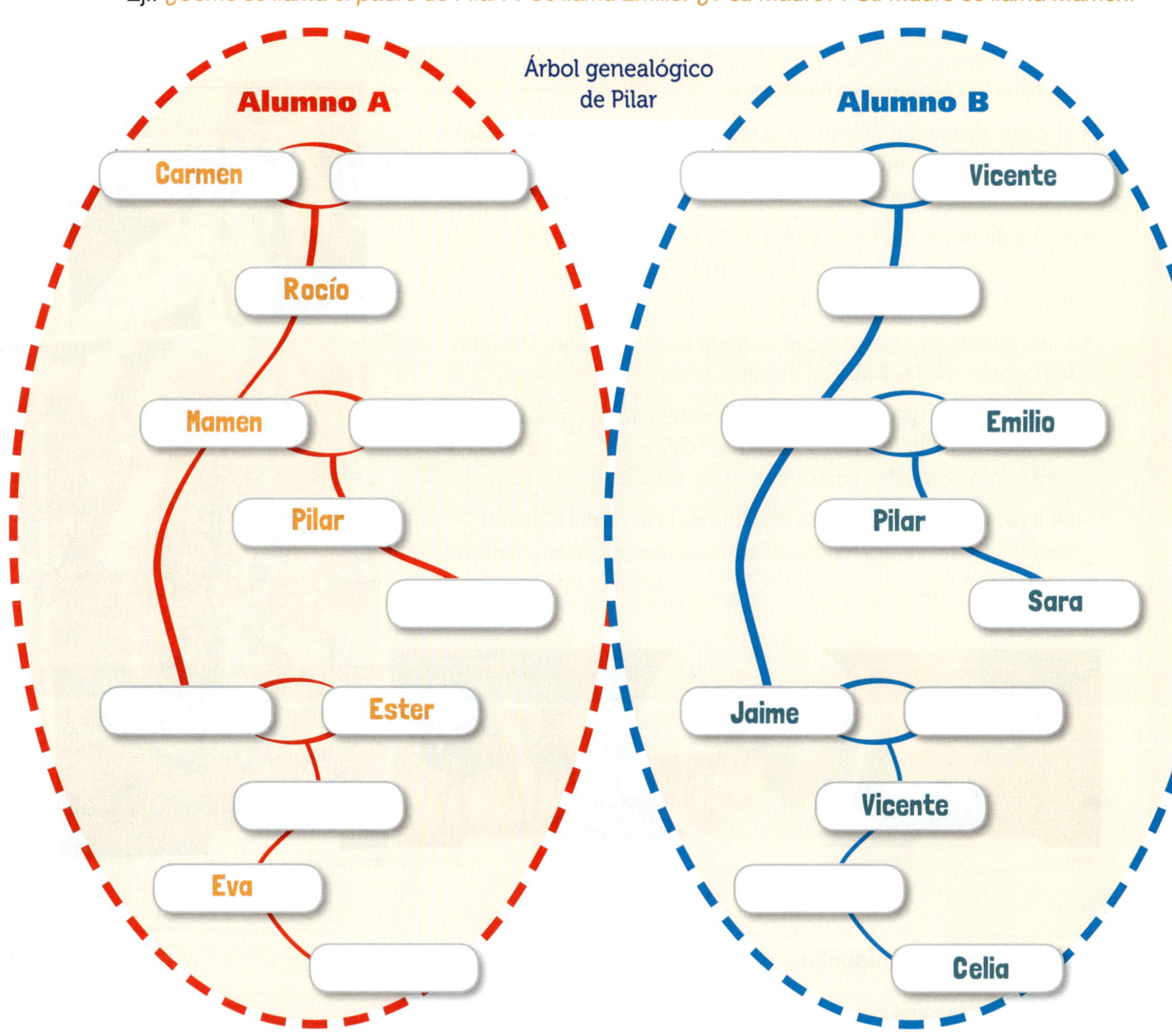

Árbol genealógico de Pilar

Alumno A

- Carmen
- Rocío
- Mamen
- Pilar
- Ester
- Eva

Alumno B

- Vicente
- Emilio
- Pilar
- Sara
- Jaime
- Vicente
- Celia

20 Para practicar los demostrativos y los posesivos, vuestro profesor os hará preguntas.

 –¿De quién es esta silla? / Es suya.

 –¿Y esta? / Esa es la mía.

págs. 81-82

AHORA JUNTOS 3
práctica global

21 Elegid un grupo de música y escribid la descripción de cada componente.

Descripciones

1. _____
2. _____
3. _____
4. _____

22 Completa la tabla siguiendo los ejemplos.

Es…
- alta
- calvo

Tiene el pelo…
- rizado

Lleva…

pág. 80

23 Infórmate y contesta a las preguntas.

1. ¿Cuándo es el cumpleaños de tu profesor?
2. ¿Qué compañero cumple años en octubre?
3. ¿Qué fiestas hay en tu país en diciembre?
4. ¿Qué fiesta se celebra en España el 31 de diciembre?

treinta y nueve 39

PARA TERMINAR
repaso y autoevaluación

24 Fíjate en la imagen. Descríbela y escribe lo contrario.

Descripción

_____
_____
_____
_____
_____

Lo contrario

_____
_____
_____
_____
_____

25 Relaciona ambas columnas.

Primo — la hija de la hija de mi abuelo
Nieta — el hijo de mi tío
Abuelo — el hijo de mi padre
Hermano — el padre de mi madre

26 Completa las oraciones con los posesivos.

1. > ¿Cuándo es _____ cumpleaños?
   < _____ cumpleaños es el 3 de noviembre.

2. > Mamá, ¿dónde están _____ libros?
   < _____ libros están encima de la mesa.

3. > ¿Cómo se llama la hermana de Pedro?
   < _____ hermana se llama Rosa.
   > ¡Qué casualidad! La _____ también se llama Rosa.

27 Forma oraciones con las palabras de cada grupo.

| esta / estas / este / estos | es / son | mi / mis | padres / hermano / primas / abuela |

1. _____
2. _____
3. _____
4. _____

40 cuarenta

Comprueba lo que sabes hacer

3

Observad estos tipos de familia y elegid una para describir a cada persona.

TU PROYECTO

LAS FAMILIAS DEL MUNDO

▶ Buscad información sobre los distintos tipos de familia.
▶ Comparad esta información con la familia de la época de vuestros abuelos.
▶ Presentad el trabajo en clase con los cambios que habéis encontrado.

cuarenta y una 41

UNIDAD 4: UN DÍA NORMAL Y CORRIENTE

- ¿Qué haces tú habitualmente?
- ¿A qué hora te levantas? ¿A qué hora te acuestas?

Objetivos

Funciones

- Hablar de acciones habituales.
- Preguntar y decir la hora.
- Expresar la frecuencia con que haces las cosas.

Gramática

- Presente de indicativo regular e irregular.

Vocabulario

- Los días de la semana.
- Asignaturas.
- Medios de transporte.
- Tareas de la casa.

Ortografía y fonética

- La *r* y la *rr*.
- Sílabas tónicas y átonas.

¡A clase!

4 UN DÍA CORRIENTE

1 Observa con atención las cuatro viñetas y lee.

7:15 — Por la mañana me levanto a las siete y cuarto y después me ducho.

7:45 — Desayuno con mis padres y con mi hermano a las ocho menos cuarto. Casi siempre tomo leche y tostadas, y a veces cereales.

8:10 — Más tarde mi hermano y yo nos vamos al colegio. Salimos de casa a las ocho y diez más o menos y siempre vamos andando.

8:20 — A las ocho y veinte llego al colegio. Las clases empiezan todos los días a las ocho y media.

2 Subraya las expresiones de frecuencia que aparecen en los textos. Después, ordena las expresiones del recuadro.

Siempre _____ _____ _____ _____ Nunca

VOCABULARIO

siempre   casi nunca
nunca   casi siempre
a veces   a menudo

PARA EMPEZAR 4

comprensión oral

3 Escucha el horario de Pedro y marca las coincidencias con el siguiente horario.

(17)

Horas / Días	lunes	martes	miércoles	jueves	viernes
9:00	Matemáticas	Francés	Inglés	Inglés	Física
10:00	Lengua	Matemáticas	Geografía	Historia	Lengua
11:00	Inglés	Lengua	Música	Matemáticas	Educación física
12:00	Recreo				
12:30	Biología	Educación física	Francés	Química	Literatura
13:30	Literatura	Historia	Historia	Lengua	Geografía
14:15	Francés			Plástica	Historia

■ Escucha de nuevo y contesta.
(17)
- ¿Qué día de la semana tiene Pedro Matemáticas? _____
- ¿A qué hora tiene Pedro clase de Lengua? _____
- ¿A qué hora es el mediodía? _____
- Los miércoles Pedro estudia Geografía después de: _____

! En español, los días de la semana siempre van en minúscula.

4 Escucha y marca con una X las horas que escuchas.
(18)

● **EXPRESIONES DE TIEMPO**

Por la mañana.
Por la tarde.
Por la noche.
Al mediodía.
Antes de.
Después de.

pág. 85

cuarenta y cinco **45**

A TRABAJAR

léxico / gramática

5 Escribe qué hacen estas personas.

6 Relaciona las dos columnas.

me duch**o**	
desayun**a**	tú
cenam**os**	yo
estudi**as**	nosotros
escrib**e**	él / usted
com**éis**	vosotras
viv**en**	ellas
habl**áis**	

¿Sabes?

Presente de indicativo

-ar	-er	-ir
CENAR	COMER	VIVIR
cen-o	com-o	viv-o
cen-as	com-es	viv-es
cen-a	com-e	viv-e
cen-amos	com-emos	viv-imos
cen-áis	com-éis	viv-ís
cen-an	com-en	viv-en

pág. 83

■ Lee y completa el ¿Sabes?

	jugar	acostarse	merendar
yo	juego	me acuesto	meriendo
tú	juegas	te acuestas	meriendas
él/ella/usted	juega	se acuesta	merienda
nosotros/nosotras	jugamos	nos acostamos	merendamos
vosotros/vosotras	jugáis	os acostáis	merendáis
ellos/ellas/ustedes	juegan	se acuestan	meriendan

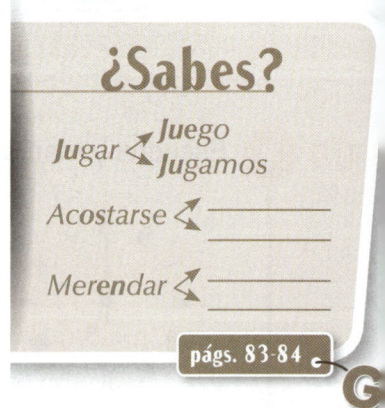

¿Sabes?

Jugar → Juego / Jugamos

Acostarse → _____

Merendar → _____

págs. 83-84

7 Completa con el verbo en presente.

1. Yo _____ (jugar) con mis amigos todos los días por la tarde.
2. Ella _____ (hacer) deporte los sábados y los domingos por la mañana.
3. Mis padres _____ (despertarse) a las seis y media de la mañana más o menos.
4. A veces mi hermano y yo _____ (merendar) con nuestra abuela.
5. Yo nunca _____ (ver) la tele por la noche, prefiero leer un libro.

8 ¿Cuándo haces estas cosas? Marca con ✔.

	Todos los días	A menudo	A veces	Casi nunca	Nunca	Los fines de semana
Levantarte tarde						
Jugar con los amigos						
Dormir ocho horas						
Cenar en casa						
Hacer deporte						
Ir al colegio andando						

■ Después escribe oraciones según el ejemplo.

Ej.: *Los fines de semana me levanto tarde.*

1. _____.
2. _____.
3. _____.
4. _____.
5. _____.

9 Escribe debajo de cada foto el nombre correspondiente.

a pie — metro — bicicleta — autobús

10 Escucha y escribe cómo van al colegio estos chicos.
(19)

- Pedro va _____.
- Juan va _____.
- María va _____.
- Antonio va _____.
- Luis va _____.

11 ¿Qué haces un día normal...

- por la mañana? _____.
- al mediodía? _____.
- por la tarde? _____.
- por la noche? _____.

cuarenta y siete **47**

FÍJATE BIEN

ortografía / fonética: la *r* y la *rr*, sílabas tónicas y átonas

12 Escucha estas palabras y señala cuáles tienen un sonido más fuerte.
(20)

rubio ☐   cara ☐   toro ☐   perro ☐   israelí ☐   Enrique ☐

horrible ☐   alrededor ☐   hierro ☐   revolución ☐   error ☐   salir ☐

12.1 Clasifica las palabras según su sonido.

Sonido más fuerte

_____
_____
_____

Sonido más débil

_____
_____
_____

12.2 Ahora, completa la regla.

¿Sabes?

✔ *rr* y *r* a principio de palabra o detrás de *l, n, s* → sonido _____

✔ *r* dentro o al final de la palabra → sonido _____

13 Escucha y repite en voz alta.
(21)

ratón   caro   tierra   rojo   amarillo   libro   regla   ruso   Manrique   ir

14 Lee en voz alta estos dos trabalenguas.

[*Tres tristes tigres comen trigo en un trigal.*]

[*El perro de san Roque no tiene rabo porque Ramón Ramírez se lo ha cortado.*]

15 Escucha estas palabras y subraya la sílaba tónica.
(22)

hermano   balcón
amigo   azul
casa   árbol
televisión   reloj
blanco   página

48 cuarenta y ocho

TU LECTURA 4

comprensión lectora

16 Carlos está de vacaciones. Lee este correo electrónico que escribe a su familia.

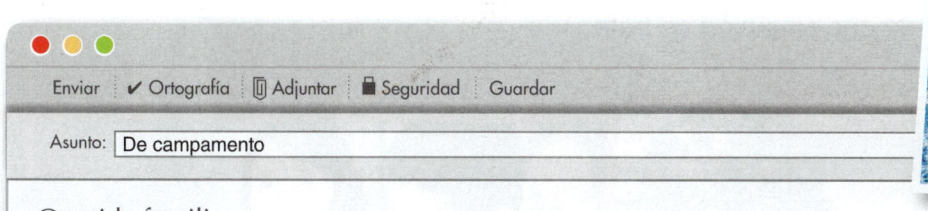

Enviar ✔ Ortografía 📎 Adjuntar 🔒 Seguridad Guardar

Asunto: De campamento

Querida familia:

¿Cómo estáis? Yo estoy muy bien. Este campamento es muy divertido, hacemos muchas cosas. Nos levantamos muy temprano, a las ocho, desayunamos y hacemos la limpieza: yo barro la habitación, mi amigo Pablo hace las camas y Raúl friega el suelo. Lavamos la ropa una vez a la semana. A las once vamos a clase de inglés. Más tarde, hacemos deporte y nos bañamos en la piscina. A las dos comemos y después quitamos la mesa y fregamos los platos. Por la tarde paseamos cerca del campamento. A las nueve cenamos y antes de acostarnos jugamos alrededor del fuego.

Tengo muchos amigos.

Muchos besos para todos,

Carlos

17 Ahora, relaciona ambas columnas. Después escribe en cada imagen la acción que representa.

Barrer	los platos
Fregar	el suelo
Lavar	la mesa
Poner / Quitar	la ropa
Hacer	la cama

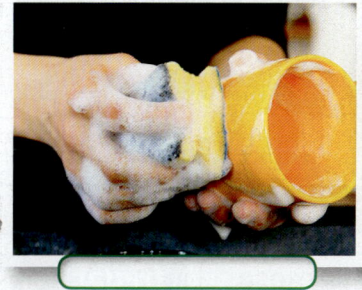

Poner la lavadora

18 Contesta. ¿Qué hacen Carlos y sus amigos del campamento...

● por la mañana? _____

● por la tarde? _____

● por la noche? _____

19 Carlos lava su ropa una vez a la semana. Escribe dos actividades que haces en casa y la frecuencia.

▶ _____

▶ _____

cuarenta y nueve **49**

AHORA HABLA

expresión oral

20 Elegid una de estas situaciones y contad a vuestros compañeros qué hacéis normalmente. Ellos tienen que adivinar de qué situación se trata.

un día de Navidad

un día de colegio

un día de vacaciones

un día por la tarde

21 ¿Ayudas en casa? Di con qué frecuencia. Pregunta a tu compañero según el ejemplo.

Ej.: *Yo ordeno mi habitación a menudo. Y tú, ¿con qué frecuencia ordenas la habitación?*

- ordenar la habitación
- hacer la cama
- poner la mesa
- fregar los platos
- barrer el suelo
- planchar
- limpiar el polvo

22 Escucha las preguntas y contesta al resto de la clase.
(23)

23 ¿Cómo van tus amigos al colegio? Pregunta a tres compañeros y escribe sus respuestas. Después, ellos te preguntan a ti.

AHORA JUNTOS 4

práctica global

24 Imagina que tienes un amigo en España, escríbele y le cuentas lo que haces habitualmente: deporte, horarios del cole, tus salidas de fin de semana...

_____
_____
_____
_____

25 Lee este texto sobre los horarios y algunas costumbres españolas.

> En España, las tiendas abren por la mañana sobre las diez y cierran a las dos. A las cinco abren otra vez y cierran a las ocho y media. Algunas tiendas están abiertas todo el día.
>
> Los españoles suelen desayunar a las siete y empiezan a trabajar a las ocho. Las dos o dos y media es la hora de la comida más importante en España. Normalmente, salen del trabajo a las seis o seis y media.
>
> Por la noche suelen cenar a las nueve o las diez.

■ En grupos, escribid un texto similar que presente los horarios y las costumbres de vuestro país.

26 Dibuja la hora en tus relojes. Tu compañero tiene que escribir las horas que tú has dibujado.

Alumno A

1_____ 2_____ 3_____ 4_____

Alumno B

1_____ 2_____ 3_____ 4_____

cincuenta y una 51

PARA TERMINAR
repaso y autoevaluación

27 Escribe cosas que haces…

A veces
_____
_____

Todos los días
_____
_____

Nunca
_____
_____

Casi nunca
_____
_____

Una vez al mes
_____
_____

Los fines de semana
_____
_____

28 Completa los diálogos.

1. –¿_____?
   –Me suelo levantar a las 7 menos cuarto.

2. –¿_____?
   –Son las diez y media.

3. –¿Qué haces por la tarde?
   –A veces _____ un libro y después _____ con mis amigos.

4. –¿Cómo vas al colegio?
   –_____ .

29 Completa estas oraciones.

1. Juan *(fregar)* _____ los _____ por la tarde.

2. Mis hermanos *(levantarse)* _____ a las ocho y media.

3. Después del miércoles viene _____ .

4. Tú *(hacer)* _____ deporte en clase de _____ .

30 Escribe las siguientes horas.

17:30 _____
23:05 _____
22:35 _____
 9:00 _____
 8:45 _____
19:50 _____

52 cincuenta y dos

4

Comprueba lo que sabes hacer

Escribid una tarea relacionada con cada imagen. Después, relacionad cada una con la actividad de la casa que aparece en el árbol y añadid otras.

ROPA — Limpiar los zapatos

CASA

COCINA

COMIDA

- Limpiar los zapatos
- Fregar los suelos
- Sacar la basura
- Poner la mesa

- limpieza de la ropa
- limpieza de la cocina
- higiene de la casa
- la comida

TAREAS DE LA CASA

TU PROYECTO

LA AGENDA DE TAREAS DE LA CASA

— Anotad todas las tareas que hay que hacer en una casa.
— Distribuid las tareas: una vez a la semana, todos los días, cada dos días…
— Dibujad un esquema con los horarios, las actividades y los nombres de las personas para cada tarea.
— Presentad en clase la agenda.

cincuenta y tres

UNIDAD 5
HOY COMEMOS FUERA

- ¿Te gusta comer en un restaurante? ¿Con quién vas?
- ¿Qué te gusta comer?

Objetivos

Funciones

- Pedir en un restaurante.
- Expresar gustos y preferencias.
- Mostrar acuerdo o desacuerdo en los gustos.

Gramática

- Verbos *gustar* y *encantar*.
- *A mí también / A mí tampoco; a mí sí / a mí no.*
- Superlativos en *-ísimo*.

Vocabulario

- Comidas y bebidas.
- Partes del menú.
- Locales donde comer.

Ortografía y fonética

- La *c / z*, la *q* y la *h*.

Yo quiero ensalada

5 EN EL RESTAURANTE

1 Lee esta escena en un restaurante.

¿Qué van a tomar?

Yo, de primero, quiero sopa de verduras.

Yo prefiero tomar ensalada.

A mí no me gusta la sopa, yo también quiero ensalada.

Menú del día

PRIMEROS
- Sopa de verduras
- Ensalada mixta
- Arroz con tomate

SEGUNDOS
- Filete con patatas
- Pescado a la plancha
- Pollo asado

POSTRES
- Fruta: plátano y naranja
- Flan
- Tarta de chocolate
- Helado

2 Escribe el nombre de cada comida. Elige las palabras del vocabulario.

VOCABULARIO

tortilla

crema de verduras

pollo asado

arroz con tomate

helado de chocolate

pescado a la plancha

56 cincuenta y seis

PARA EMPEZAR 5

comprensión oral

🔊 **3** Escucha y completa la tabla.
(24)

	Pablo	Su madre	Su padre
De primero			
De segundo			
De postre			
Para beber			

CARTA

Primeros
Verdura a la plancha
Ensalada mixta
Arroz con tomate

Segundos
Pescado frito
Filete de ternera
Patatas con carne

Postres
Flan
Natillas
Fruta

Bebidas
Vino, cerveza, refrescos, agua.

■ Ahora, lee el diálogo y comprueba tus respuestas.

Camarero: ¿Qué van a tomar?
Madre: Yo, de primer plato, quiero verdura a la plancha y de segundo, filete de ternera.
Camarero: ¿Y usted, señor?
Padre: Pues… yo ensalada mixta y después pescado frito.
Pablo: Yo también quiero ensalada, y de segundo, patatas con carne.
Camarero: ¿Y para beber?
Padre: Una botella de agua y… ¿tú qué quieres, Pablo?
Pablo: Yo, un refresco de limón.

● **EN EL RESTAURANTE**

¿Nos puede traer la carta?
¿Qué van a tomar?
De primero / de segundo / de postre.
Por favor, ¿nos trae la cuenta?
¿Qué le debo?
¡Que aproveche!

Camarero: ¿Qué tal todo?
Madre: Todo está muy bueno, gracias.
Camarero: ¿Qué quieren tomar de postre?
Padre: Yo quiero fruta de temporada.
Pablo: Yo quiero un flan, por favor.
Camarero: ¿Y para usted, señora?
Madre: Para mí, unas natillas.

Padre: Por favor, ¿nos trae la cuenta?
Camarero: Sí, aquí tiene.
Padre: Muchas gracias.

A TRABAJAR

léxico / gramática

(25) 4 Escucha y lee este diálogo. Subraya el verbo *gustar*.
¿Por qué aparece a veces en singular y otras en plural?

¿Sabes?

(A mí)	me
(A ti)	te
(A él / ella / usted)	le
(A nosotros/as)	nos
(A vosotros/as)	os
(A ellos / ellas / ustedes)	les

→ gusta / gustan

(A ti) te gusta el cine.
(A ella) le gusta leer.
(A ellos) les gusta el fútbol.
(A nosotras) nos gustan los helados.

> A mí me encanta la carne, especialmente asada. Me gustan mucho las ensaladas, y de postre me gusta tomar fruta. ¿Y a ti?, ¿qué comida te gusta?

> A mí no me gusta la carne; prefiero el pescado. Me gustan sobre todo las sardinas. ¡Ah! Y no me gusta nada la fruta. De postre me gusta tomar flan de huevo.

5 Marca lo que te gusta.

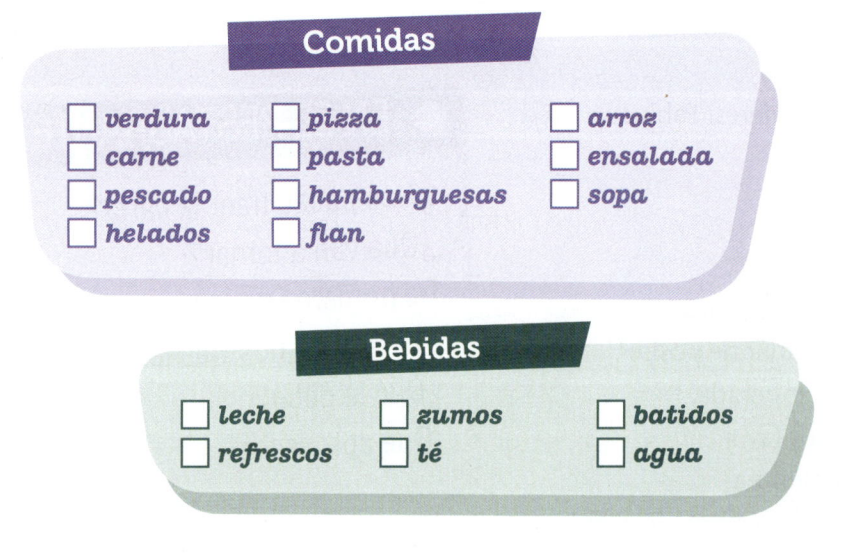

Comidas
- [ ] verdura
- [ ] carne
- [ ] pescado
- [ ] helados
- [ ] pizza
- [ ] pasta
- [ ] hamburguesas
- [ ] flan
- [ ] arroz
- [ ] ensalada
- [ ] sopa

Bebidas
- [ ] leche
- [ ] refrescos
- [ ] zumos
- [ ] té
- [ ] batidos
- [ ] agua

¿Sabes?

Me encanta/an 😊
Me gusta/an mucho
Me gusta bastante
Me gusta poco

No me gusta/an mucho
No me gusta/an nada
Odio + infinitivo 😞

¡Ojo! Me encanta ~~mucho~~ la música.

■ Escribe en tu cuaderno lo que te gusta y lo que no te gusta, si te gusta mucho, poco o nada. Fíjate en el *¿Sabes?*

Ej.: *Me gusta mucho la carne, pero no me gusta el pescado.*

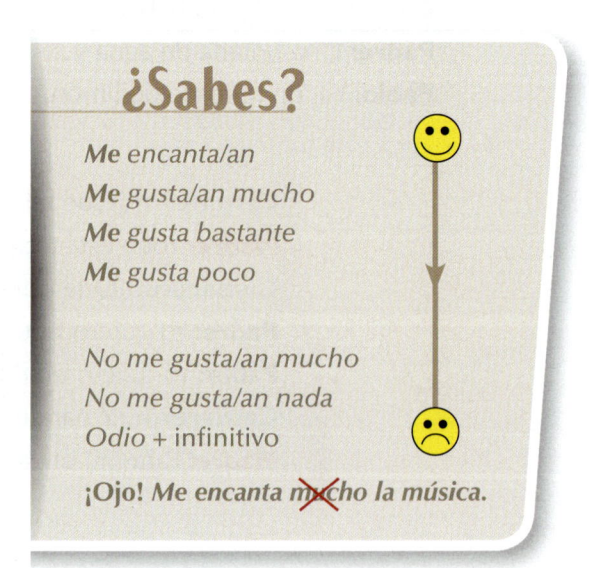

6 Escribe oraciones siguiendo el ejemplo.

Ej.: *María / gustar nada / el fútbol.* → *A María no le gusta nada el fútbol.*

1. Mis padres / encantar / comer fuera
   _____

2. Nosotros / gustar mucho / los animales
   _____

3. ¿Vosotros / gustar / las vacaciones?
   _____

4. Usted / no gustar nada / cenar tarde
   _____

5. Tú / odiar / la pasta
   _____

¿Sabes?
✔ Me gustan los helados 🙂
   A mí también 🙂 / A mí no 🙁
✔ (A mí) no me gusta el fútbol 🙁
   A mí tampoco 🙁 / A mí sí 🙂

7 Pregunta a tu compañero si le gusta lo mismo que a ti. Sigue la estructura indicada en el ¿Sabes?

Ej.: –A mí me encantan los helados, ¿y a ti?
     –A mí también.

8 Escribe el nombre de cada cosa.

- Un plato
- Una cuchara
- Un cuchillo

- Un tenedor
- Una jarra
- Un vaso

- Una taza
- Una servilleta

9 Escribe el superlativo de estos adjetivos. Después, escribe una oración con cada uno.

Ej.: *Bueno: buenísimo* → *Todo está buenísimo.*

1. Aburrido: _____ → _____
   _____.

2. Barata: _____ → _____
   _____.

3. Soso: _____ → _____
   _____.

4. Elegantes: _____ → _____
   _____.

5. Salada: _____ → _____
   _____.

¿Sabes?
SUPERLATIVO
mal-o → malísimo → muy malo
grand-e → grandísimo → muy grande
alt-a → altísima → muy alta

pág. 85

FÍJATE BIEN

ortografía / fonética: la *c / z*, la *q* y la *h*

10 Escucha estas palabras.
(26)

hola, almohada, hoja, humo, hache

¿Sabes?
Recuerda: la **h** en español no se pronuncia.
Además, la **h** puede aparecer al principio o dentro de una palabra.
La **h** nunca aparece al final de una palabra.

11 Escribe y lee en voz alta tres palabras diferentes con *h* en español.

_____   _____   _____

12 Escribe las letras que faltan en estas palabras. Escucha y comprueba.
(27)

q...ien   ...asa   ...ueso

...olegio   q...e   ...uchara

■ Completa el ¿Sabes?

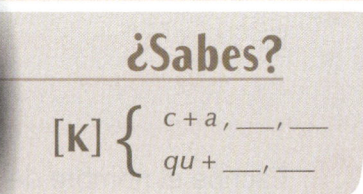

¿Sabes?
$$[K] \begin{cases} c + a, \_\_\_, \_\_\_ \\ qu + \_\_\_, \_\_\_ \end{cases}$$

13 Escucha estas palabras. Después completa el ¿Sabes?
(28)

zapato – zorro – cocina – azul

cero – marzo – gracias

¿Sabes?
$$[\theta] \begin{cases} \_\_ + e, i \\ \_\_ + a, o, u \end{cases}$$

14 Escucha y escribe las palabras que oyes.
(29)

1. _____   9. _____
2. _____   10. _____
3. _____   11. _____
4. _____   12. _____
5. _____   13. _____
6. _____   14. _____
7. _____   15. _____
8. _____   16. _____

15 Lee en voz alta el siguiente trabalenguas.

Cien pares de zapatos azules
zapateando en la cocina
hacen doscientos zapatos azules
zapateando en la cocina.

TU LECTURA 5
comprensión lectora

COMER FUERA

16 Lee el texto.

España tiene fama de ser un país donde se come muy bien.
La cocina española es rica y variada: carnes, pescados, ensaladas, legumbres y mariscos son productos habituales en nuestra alimentación.

Los españoles no necesitan una ocasión especial para salir a comer, a cenar o a tomar unas tapas fuera de casa. Durante la jornada de trabajo es habitual comer en el restaurante más próximo el menú del día. Los fines de semana, mucha gente queda con amigos en una taberna o en un bar para tomar unas tapas o para comer en un ambiente informal y animado. Otras veces, cenan en un restaurante con la familia o los amigos.

En España podemos encontrar muchos tipos de establecimientos: tabernas, bares, restaurantes de lujo, cafeterías o locales de comida rápida. Cada lugar tiene unas características y un ambiente diferentes.

17 Encuentra en el texto las palabras que corresponden a estas definiciones.

1. Alimento que se toma como aperitivo acompañando a una bebida. _____
2. Animales del mar. No es un pescado. _____
3. Comida diaria que ofrece un restaurante por un precio económico. _____
4. Local donde se prepara comida para consumir rápidamente. _____

18 Mira las fotos y escribe el nombre de cada local.

sesenta y una **61**

AHORA HABLA
expresión oral

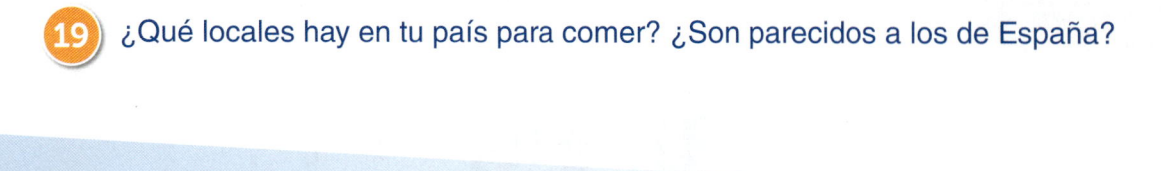

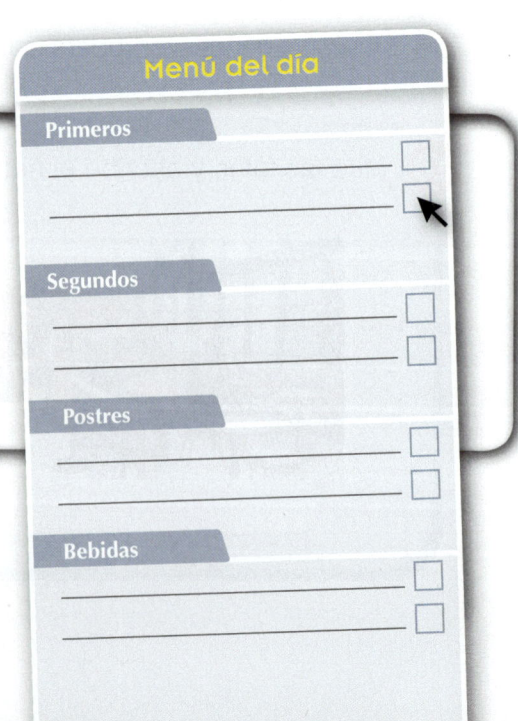

19 ¿Qué locales hay en tu país para comer? ¿Son parecidos a los de España?

20 En dos grupos escribid una lista en vuestro cuaderno de las comidas y bebidas que os gustan y que no os gustan.

- Ahora, pregunta al equipo contrario y anotad sus respuestas en la tabla. Sigue el ejemplo.

   Ej.: –A nosotros nos gusta la pasta con chorizo. ¿Y a vosotros? ¿Os gusta la pasta con chorizo?

   –A nosotros también nos gusta.

   –A nosotros nos gustan el jamón y la tortilla…

Grupo A

😊	☹️
Nos gusta la carne	

Grupo B

😊	☹️
A nosotros también	

21 En grupos de tres. Escribid vuestro menú ideal. Después, representad el diálogo en el restaurante para pedir los platos, las bebidas y la cuenta.

Menú del día

Primeros

Segundos

Postres

Bebidas

AHORA JUNTOS 5
práctica global

22 Escuchad y completad la tabla.

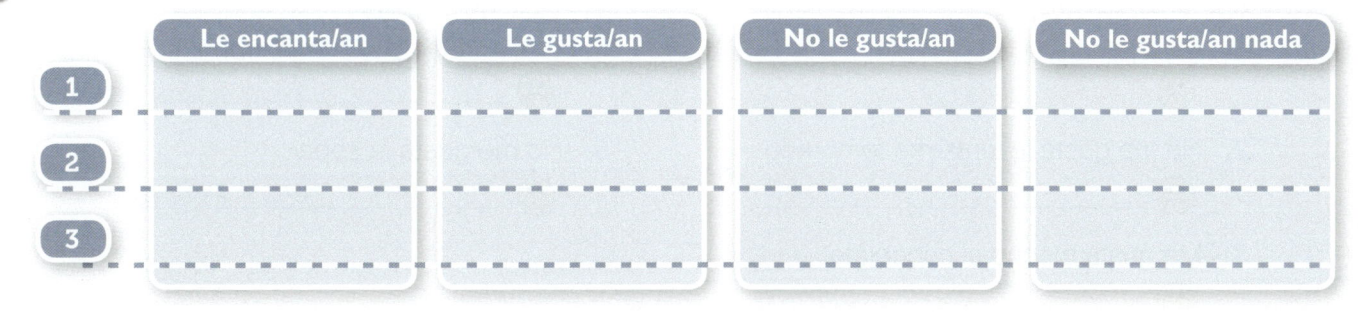

(30)

	Le encanta/an	Le gusta/an	No le gusta/an	No le gusta/an nada
1				
2				
3				

23 Observad estas comidas y escribid debajo el nombre de cada una.

- Formad el superlativo de estos adjetivos y escribid oraciones con las comidas anteriores.

rico sabroso salado soso bueno dulce

24 Con tu compañero, escribe un desayuno, una comida y una cena típicos de vuestro país.

▷ Para desayunar tomamos _____

▷ Para comer tomamos _____

▷ Para cenar _____

sesenta y tres 63

PARA TERMINAR
repaso y autoevaluación

25 Reacciona como en el modelo.

1. –Me encantan los helados.
   – 🙁 A mí no.

2. –No me gusta levantarme temprano.
   – 🙁 _____

3. –Me gusta mucho el chocolate.
   – 🙂 _____

4. –A mí no me gusta la Geografía.
   – 🙁 _____

5. –No me gusta la sopa.
   – 🙂 _____

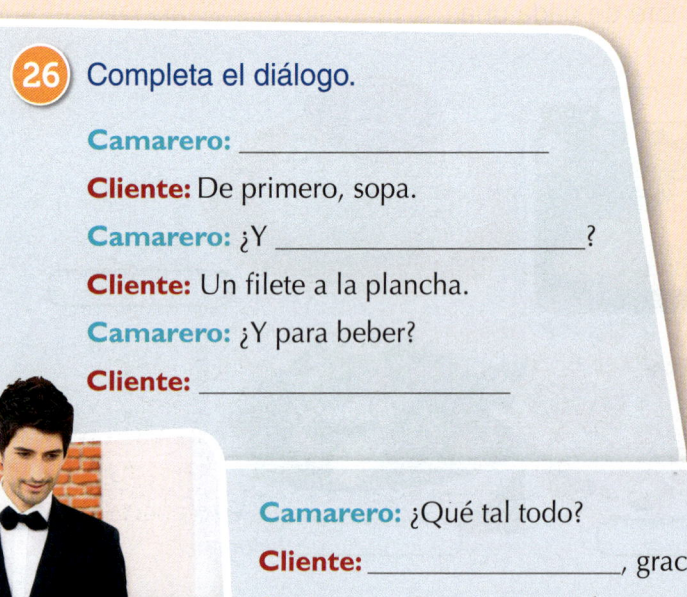

26 Completa el diálogo.

Camarero: _____
Cliente: De primero, sopa.
Camarero: ¿Y _____?
Cliente: Un filete a la plancha.
Camarero: ¿Y para beber?
Cliente: _____

Camarero: ¿Qué tal todo?
Cliente: _____, gracias.
Camarero: De postre, ¿qué va a tomar?
Cliente: _____

Cliente: _____
Camarero: Sí, aquí tiene.
Cliente: _____

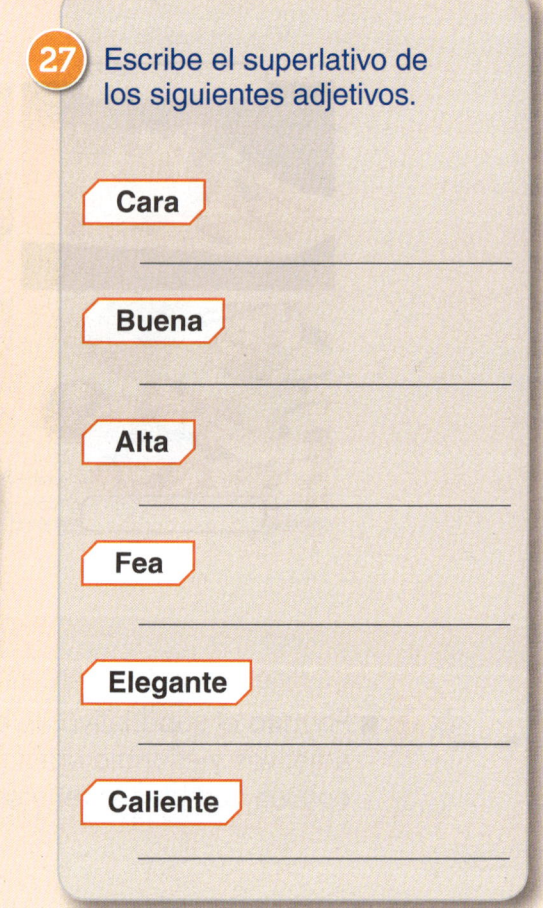

27 Escribe el superlativo de los siguientes adjetivos.

Cara
_____

Buena
_____

Alta
_____

Fea
_____

Elegante
_____

Caliente
_____

28 Marca los errores y escribe la forma correcta.

1. Me gusta el helado y la fruta.
   _____.

2. A mi padre le encantan la carne con patatas.
   _____.

3. No me gustan la sopa.
   _____.

4. A nosotros no nos gusta los macarrones.
   _____.

64 sesenta y cuatro

5

Comprueba lo que sabes hacer

Leed el texto y consultad la pirámide alimenticia del proyecto o mirad en internet.

ALIMENTACIÓN EQUILIBRADA: ¡Somos lo que comemos!

Existen tres tipos de alimentos:

- De origen animal • De origen vegetal • De origen mineral

Una dieta sana y equilibrada debe incluir una gran cantidad de alimentos de origen vegetal, tomando con moderación los alimentos de origen animal. Además, hay que reducir el consumo de la comida rápida y la bollería industrial.

La alimentación debe tomarse muy en serio porque dependemos de ella para estar sanos y poder vivir muchos años. Si seguís la pirámide alimenticia seréis chicos y chicas sanos y contentos.

TU PROYECTO

UN MENÚ EQUILIBRADO PARA LA SEMANA

- ▶ Vais a hacer un menú semanal.
- ▶ Anotad cuánto podéis consumir de cada alimento (pasta y cereales, frutas y verduras, leche, huevos, dulces…).
- ▶ Consultad en internet para saber qué alimentos aportan más vitaminas y energía y cuáles más grasas.
- ▶ Presentad vuestro menú y valorad entre todos cuál es el más saludable.
- ▶ Comparadla con vuestra alimentación diaria.

En ocasiones
Con poca frecuencia
A menudo
Todos los días

sesenta y cinco 65

UNIDAD 6 ¿QUÉ TE PASA?

- ¿Qué parte de tu cuerpo es la más fuerte? ¿Y la más débil?
- ¿Qué haces cuando estás cansado?

Objetivos

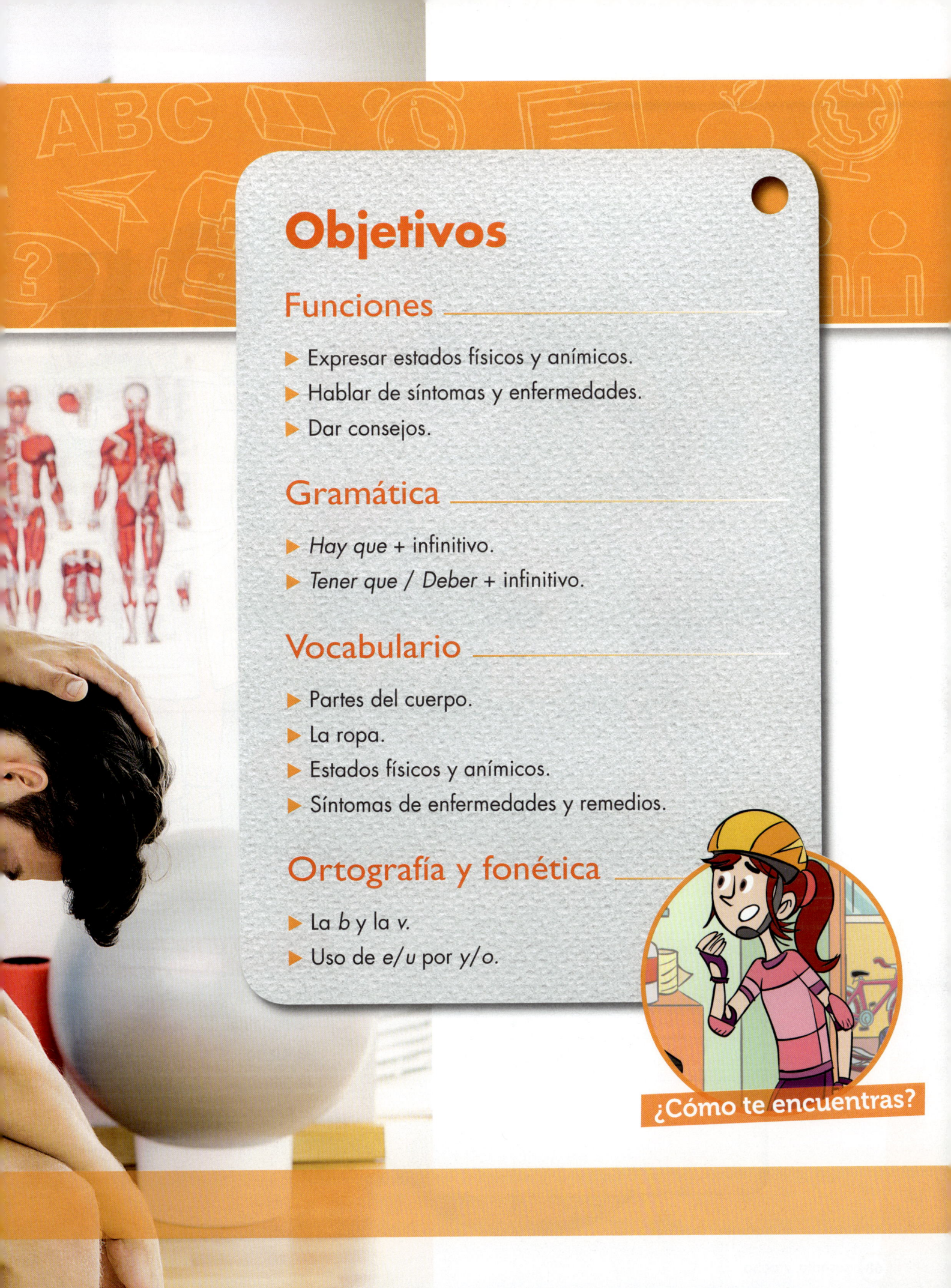

Funciones

- Expresar estados físicos y anímicos.
- Hablar de síntomas y enfermedades.
- Dar consejos.

Gramática

- *Hay que* + infinitivo.
- *Tener que* / *Deber* + infinitivo.

Vocabulario

- Partes del cuerpo.
- La ropa.
- Estados físicos y anímicos.
- Síntomas de enfermedades y remedios.

Ortografía y fonética

- La *b* y la *v*.
- Uso de *e/u* por *y/o*.

¿Cómo te encuentras?

6 ¿CÓMO ESTÁS?

1 Observa y lee la viñeta. ¿Qué crees que ha pasado?

¿Cómo te encuentras, Lucas?

Fatal. Estoy muy cansado. Me duele casi todo el cuerpo.

nariz • cabeza • boca • cuello • espalda • oreja • pierna • mano • pie • dedo

2 ¿Qué partes del cuerpo crees que le duelen más a Lucas?

VOCABULARIO

la cabeza	el cuello
la espalda	los ojos
la mano	la nariz
la pierna	las orejas
el pie	el brazo

68 sesenta y ocho

PARA EMPEZAR 6

comprensión oral

🔊 **3** Escucha la conversación y completa.
(31)

María: ¡Hola, Juan! ¿Qué te pasa? Tienes mala _____

Juan: Sí, no me encuentro bien; estoy muy _____ y me duele la _____

María: Pues tómate un vaso de leche y _____

Pepe: ¿Cómo estás, Alejandro?

Alejandro: Estoy regular; me _____ mucho la _____

Luisa: ¿Qué le pasa a tu madre?

Fernando: Está _____ tiene _____ y le duelen mucho las _____. Además tiene tos porque está un poco _____

LA SALUD

¿Qué te pasa?
¿Qué te duele?
No me encuentro bien.
Tienes mala cara.
Estoy nervioso/a.
Tengo frío / sueño / fiebre.
Me duele la cabeza.
Tengo dolor de oídos.

🔊 **4** Escucha y escribe debajo de cada imagen el nombre de la persona correspondiente.
(32)

sesenta y nueve **69**

A TRABAJAR

léxico / gramática

5 Forma oraciones según el ejemplo.

Ej.: *Yo / dolor de cuello.* → **Me** *duele el cuello.*

1. Tú / dolor de espalda.
   _____
2. Usted / dolor de cabeza.
   _____
3. Ella / dolor de oídos.
   _____
4. Nosotros / dolor de rodillas.
   _____
5. Vosotras / dolor de pies.
   _____
6. Ustedes / dolor de brazos y piernas.
   _____

¿Sabes?

(A mí)	me
(A ti)	te
(A él / a ella / a usted)	le } duel-**e** la cabeza.
(A nosotros/as)	nos } duel-**en** la**s** pierna**s**.
(A vosotros/as)	os
(A ellos / ellas / ustedes)	les

6 ¿Qué hay que hacer para estar en forma? Completa la tabla con las acciones de la lista.

Beber mucha agua.
Comer con mucha sal.
Tomar muchos dulces.
Desayunar todos los días.
Hacer deporte.
Comer verduras.
Dormir poco.
Comer fruta.

¿Sabes?

Hay que + infinitivo se usa para expresar obligación de manera impersonal, general.

Para estar en forma **hay que hacer deporte.**

Hay que...
_____
_____
_____

No hay que...
_____
_____
_____

7 Mario está enfermo. Dale algunos consejos utilizando las estructuras del *¿Sabes?*

Ej.: *Debes tomar mucha agua.*

1. _____
2. _____
3. _____
4. _____

¿Sabes?

Tener que
Deber } + infinitivo

Se usan para expresar obligación personal.
Debes ir *al médico porque toses mucho.*

8 Fíjate en las imágenes y relaciónalas con la oración correspondiente.

1. La chica se pone el jersey verde.
2. El chico se ata los zapatos.
3. Carmen se tapa la cara con el gorro.
4. Los calcetines tienen diferente color.
5. La futbolista lleva camiseta amarilla y pantalón negro.
6. La falda es negra.
7. La bufanda es rosa y protege el cuello del frío.
8. Los guantes son de rayas.
9. No encuentro las botas marrones.

9 ¿Qué ropa usas en estas partes del cuerpo?

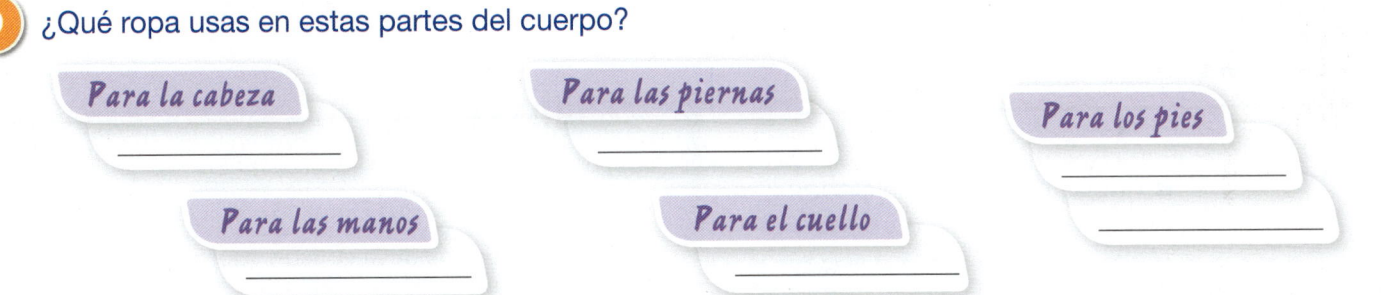

Para la cabeza _____

Para las piernas _____

Para los pies _____

Para las manos _____

Para el cuello _____

10 ¿Qué les duele? Mira las imágenes y escribe siguiendo el ejemplo.

1. _____
2. *A ellos les* duele el cuello.
3. _____
4. _____
5. _____

setenta y una **71**

FÍJATE BIEN

ortografía / fonética: la *b* / *v*; *e*, *u* por *y*, *o*

11 Escucha estas palabras y fíjate en su pronunciación. Después, lee en voz alta.

(33)

B
abuela
rubio
bajo
boca
beso

V
vuelo
vino
vaso
vosotros
vestido

¿Sabes?
La *b* y la *v* se pronuncian igual en español.

12 Ordena las sílabas para formar palabras. Después, escucha y repite.

(34)

vier-in-no _____   bre-fie _____   zo-bra _____
blo-ha _____   viar-en _____   tiem-sep-bre _____
ta-ble-es _____   bro-li _____   biar-cam _____
brir-a _____   co-blan _____   gue-bur-ham-sa _____
bre-ham _____
ver-tir-in _____

■ Ahora, completa el *¿Sabes?*

¿Sabes?
Se escribe *b* delante de _____ y de _____
Se escribe *v* detrás de la consonante _____
Se escribe *b* detrás de la consonante _____

13 Lee el *¿Sabes?* y completa las oraciones con *y/e*, *o/u*.

¿Sabes?
- La *y* se sustituye por *e* cuando la siguiente palabra empieza por *i* o por *hi*, pero no si comienza por *ie-, ia-*; por ejemplo: *agua y hierba*, *madera y hierro*.
- La *o* se sustituye por *u* cuando la siguiente palabra empieza por *o* o por *ho*.

→ Juan ____ Ismael viven al lado de mi casa.
→ Tiene siete ____ ocho lápices de colores, no lo sé.
→ Tengo tres primos ____ tres primas.
→ La persona que necesitan puede ser mujer ____ hombre.
→ ¿A las 10 tenemos Geografía ____ Matemáticas? No me acuerdo.
→ Para coser tienes que coger aguja ____ hilo.

72 setenta y dos

TU LECTURA 6
comprensión lectora

El semanal del colegio

14 Lee estos mensajes escritos por los alumnos a la revista *El Semanal del Colegio*. Relaciona cada mensaje con su respuesta y completa.

Mensaje A
Hola, amigos, me llamo Antonio, tengo 12 años y necesito ayuda para resolver un pequeño problema. No consigo tener buenas notas. ¿Qué puedo hacer? ¿Alguien puede ayudarme?

Mensaje B
Hola a todos, os escribo porque soy nueva en el instituto y no tengo muchos amigos. Me llamo Sara y me gustan mucho la música y el deporte. ¿Cómo puedo conocer gente?

Mensaje C
Hola, compañeros:
Soy Lucía y me encanta Ariana Grande. ¿Tenéis fotos e información sobre ella? Por favor, si a vosotros también os gusta, escribidme, ¿vale?

Respuesta 1
Hola, _____, a mí también me encanta esa cantante y tengo muchas cosas muy interesantes sobre ella. Soy de su club de fans. Manda una foto con tus datos personales a la dirección del club.

Respuesta 2
Hola, _____, si quieres aprobar, tienes que hacer los deberes todos los días, escuchar al profesor y sentarte delante en clase. ¡Paciencia y ánimo! Un saludo, Ana.

Respuesta 3
Hola, _____: para hacer nuevos amigos puedes apuntarte a un deporte por las tardes. Tienes que ir a la secretaría del instituto y pedir una hoja de inscripción. Hay que pagar 22 € al mes. Es muy divertido.

15 Busca en los textos verbos y expresiones para dar instrucciones y consejos.

16 Elige un mensaje y escribe una respuesta diferente.

setenta y tres 73

AHORA HABLA
expresión oral

17 Escribe en tu cuaderno cinco cosas para las que necesitas ayuda. Después pide consejo a tu compañero. Él tiene que aconsejarte.

18 ABRE EL ARMARIO Y CIERRA LOS OJOS. Tu compañero describe las prendas de vestir de su armario. Tú dices de qué ropa se trata. Después, tú tienes que describir la ropa de tu armario.

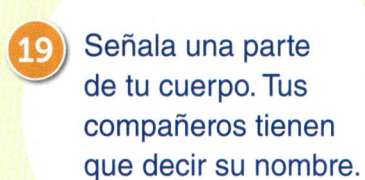

Alumno A

Alumno B

19 Señala una parte de tu cuerpo. Tus compañeros tienen que decir su nombre.

20 ¿QUÉ LE DUELE? Tu compañero hará gestos de dolor señalando una parte de su cuerpo y tú tendrás que decir: *Te duele(n)…*

74 setenta y cuatro

AHORA JUNTOS 6
práctica global

21 Elegid una opción y escribid, utilizando las estructuras *tienes que / hay que / debes / puedes…*, cinco consejos para…

… ser un buen estudiante
… ser un buen hijo
… ser un buen deportista

22 Mira las fotos, identifica la acción y da un consejo a estas personas.

23 Contesta. ¿Qué te pasa…

cuando comes mucho chocolate?
_____

si no comes nada antes de ir al colegio?
_____

cuando no duermes mucho?
_____

cuando tienes tos y frío?
_____

cuando te sientes solo?
_____

24 Escucha y marca en el dibujo las partes del cuerpo que oyes.
(35)

setenta y cinco 75

PARA TERMINAR
repaso y autoevaluación

25 Completa con los verbos *tener, estar* o *doler*.

_____ las piernas   _____ sed   _____ frío   _____ calor
_____ deprimido   _____ cansado   _____ fiebre _____ la espalda

26 Completa con el verbo *doler*.

1. María no se encuentra bien: _____ el cuello.

2. A usted _____ el estómago cuando come mucho.

3. A los alumnos _____ las piernas después de correr.

4. A mi padre _____ los ojos cuando trabaja mucho tiempo en el ordenador.

5. >¿Qué te pasa?
   < _____ la garganta.

27 Corrige los errores en las siguientes oraciones.

1. Estás hambre, come un poco.
   _____

2. A mí no le duele nada.
   _____

3. Para estar en forma, hay hacer deporte.
   _____

4. Debes que leer más.
   _____

5. Tienes que estudiad más si quieres aprobar.
   _____

6. Ese livro blanco es tuyo.
   _____

7. Mi cumpleaños es en septiemvre.
   _____

8. En imvierno me gusta tomar sopa.
   _____

9. María y Isabel son hermanas.
   _____

10. Avre la ventana porque tengo calor.
    _____

28 Completa con las partes del cuerpo.

1. Vemos con _____
2. Olemos con _____
3. Hablamos con _____
4. Andamos con las _____
5. Tocamos con las _____
6. Escuchamos con los _____

6

Comprueba lo que sabes hacer

Fijaos en estas imágenes. Juan quiere ir a la montaña y Ana al mar. Tenéis que ayudarlos a organizar su viaje.

Juan

Ana

CONSEJOS

✔ ¿Qué ropa tienen que llevar?
✔ ¿De qué deben preocuparse?

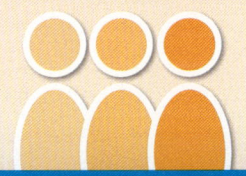

TU PROYECTO

UN PLAN DE SALUD

▶ Elegid un problema de salud.
▶ Buscad información en internet sobre el mismo.
▶ Haced una presentación en clase sobre soluciones para esa enfermedad o dolor.
▶ Buscad información sobre medicina alternativa y sobre deportes que fortalecen la salud y algunas partes del cuerpo.

setenta y siete 77

APÉNDICE GRAMATICAL

Incluye, de forma sistematizada y detallada, todos los contenidos gramaticales estudiados en las unidades. También añade más aspectos y ejemplos. Es una sección de fácil consulta.

LOS NÚMEROS

Cardinales	Ordinales
0. Cero	
1. Uno	1.º Primero (primer), primera
2. Dos	2.º Segundo, a
3. Tres	3.º Tercero (tercer), tercera
4. Cuatro	4.º Cuarto/a
5. Cinco	5.º Quinto/a
6. Seis	6.º Sexto/a
7. Siete	7.º Séptimo/a
8. Ocho	8.º Octavo/a
9. Nueve	9.º Noveno/a
10. Diez	10.º Décimo/a
11. Once	11.º Undécimo/a
12. Doce	12.º Duodécimo/a
13. Trece	13.º Decimotercero/a
14. Catorce	14.º Decimocuarto/a
15. Quince	15.º Decimoquinto/a
16. Dieciséis	16.º Decimosexto/a
17. Diecisiete	17.º Decimoséptimo/a
18. Dieciocho	18.º Decimoctavo/a
19. Diecinueve	19.º Decimonoveno/a
20. Veinte	20.º Vigésimo/a
21. Veintiuno/a	21.º Vigesimoprimero/a
22. Veintidós	22.º Vigesimosegundo/a
23. Veintitrés	23.º Vigesimotercero/a
24. Veinticuatro	24.º Vigesimocuarto/a
25. Veinticinco	25.º Vigesimoquinto/a
26. Veintiséis	26.º Vigesimosexto/a
27. Veintisiete	27.º Vigesimoséptimo/a
28. Veintiocho	28.º Vigesimoctavo/a
29. Veintinueve	29.º Vigesimonoveno/a
30. Treinta	30.º Trigésimo/a
31. Treinta y uno/a	31.º Trigésimo primero, primera
32. Treinta y dos	32.º Trigésimo segundo, segunda
40. Cuarenta	40.º Cuadragésimo/a
50. Cincuenta	50.º Quincuagésimo/a
60. Sesenta	60.º Sexagésimo/a
70. Setenta	70.º Septuagésimo/a
80. Ochenta	80.º Octogésimo/a
90. Noventa	90.º Nonagésimo/a
100. Cien	100.º Centésimo/a
101. Ciento uno/a	
102. Ciento dos	
200. Doscientos/as	
300. Trescientos/as	
400. Cuatrocientos/as	
500. Quinientos/as	
600. Seiscientos/as	
700. Setecientos/as	
800. Ochocientos/as	
900. Novecientos/as	
1000. Mil	

ALGUNOS PAÍSES Y NACIONALIDADES

Argentina	argentino/a
Alemania	alemán/alemana
Brasil	brasileño/a
Bolivia	boliviano/a
Colombia	colombiano/a
Chile	chileno/a
China	chino/a
Cuba	cubano/a
Ecuador	ecuatoriano/a
Egipto	egipcio/a
El Salvador	salvadoreño/a
España	español/española
Estados Unidos	estadounidense
Grecia	griego/a
Guatemala	guatemalteco/a
Honduras	hondureño/a
Italia	italiano/a
Francia	francés/francesa
Japón	japonés/japonesa
Marruecos	marroquí
México	mexicano/a
Nicaragua	nicaragüense
Panamá	panameño/a
Paraguay	paraguayo/a
Perú	peruano/a
Portugal	portugués/portuguesa
Reino Unido	británico/a
Rusia	ruso/a
Uruguay	uruguayo/a
Venezuela	venezolano/a

ABREVIATURAS

Avda.	Avenida
C/	Calle
D.	Don
D.ª	Doña
N.º	Número
P. / Pág.	Página
P.º	Paseo
Pl. / Pza.	Plaza
Sr.	Señor
Sra.	Señora
Srta.	Señorita
Tel.	Teléfono
Ud.	Usted
Uds.	Ustedes

APÉNDICE GRAMATICAL

EL SUSTANTIVO. GÉNERO Y NÚMERO

masculino	femenino	masculino y femenino
-o: *el perro* -e: *el cine* consonante: *el director* -aje: *el garaje* **excepciones:** *el problema, el tema, el sistema*	-a: *la perra, la silla, la directora* consonante: *la cárcel* -ción, -sión, -d: *la canción, la pasión, la verdad* **excepciones:** *la mano, la moto, la radio*	-ista: *el / la periodista* -ante: *el / la cantante* **pero** *el presidente / la presidenta* *el vidente / la vidente*

si el singular acaba en:		en plural:	
vocal:	*casa, tabla*	-s:	*casas, tablas*
consonante:	*canción*	-es:	*canciones*
-z:	*pez*	-es (cambia la consonante):	*peces*
-s:	*martes*	no cambia:	*martes*

EL ADJETIVO. GÉNERO Y NÚMERO

Género

masculino	femenino	masculino y femenino
-o: *pequeño*	-a: *pequeña*	-e: *grande* consonante: *marrón*

Número

El plural de los adjetivos se forma como el de los sustantivos.

EXPRESIONES PARA DESCRIBIR A PERSONAS

Ser
- alto/a
- bajo/a
- gordo/a
- delgado/a
- rubio/a
- moreno/a
- pelirrojo/a
- castaño/a
- calvo/a

Llevar
- gafas
- bigote
- barba
- sombrero

Tener el pelo
- largo
- corto
- liso
- rizado
- blanco
- pelirrojo
- rubio
- negro
- castaño

HAY / ESTÁ(N)

Utilizamos HAY para hablar de la existencia de personas, cosas o lugares.

Hay puede ir seguido de un indefinido, de un numeral o de un sustantivo:
*En mi colegio **hay un** patio enorme.*
*En mi casa **hay tres** habitaciones.*
*¿**Hay piscina** en tu casa?*

Utilizamos ESTÁ(N) para situar personas, cosas y lugares.

*Juan **está** en su casa.*
*Los libros **están** encima de la mesa.*
*–¿Dónde **está** Madrid?*
*–**Está** en el centro de España.*

SER / ESTAR

SER se usa para describir personas, cosas y lugares.

*Mi habitación **es** muy luminosa.*
*La bandera de España **es** roja y amarilla.*
*María **es** alta y rubia.*

ESTAR se usa para situar cosas y personas en el espacio.

*Mi habitación **está** junto al salón.*
*Los niños **están** en la clase.*

LOS POSESIVOS

Los posesivos concuerdan con el sustantivo en género y número. Las formas *mi, tu, su* y sus plurales acompañan a sustantivos masculinos y femeninos.

*En **mi** casa hay una terraza.*
***Vuestros** padres son muy simpáticos.*
*Las chicas de la clase son amigas **mías**.*

*En **mi** piso hay una terraza.*
***Su** hermano se llama Luis.*
***Su** madre es muy guapa.*

Presentan formas distintas según vayan delante o detrás del sustantivo. Si van delante del sustantivo, la forma de los posesivos es la siguiente:

| Un solo poseedor ||
Singular	Plural
mi	mis
tu	tus
su	sus

| Varios poseedores ||||
| Singular || Plural ||
Masculino	Femenino	Masculino	Femenino
nuestro	nuestra	nuestros	nuestras
vuestro	vuestra	vuestros	vuestras
su	su	sus	sus

A veces puede aparecer un adjetivo entre el posesivo y el sustantivo:

Su precioso perro.

Cuando los posesivos siguen al sustantivo, presentan las siguientes formas:

| Un solo poseedor ||||
| Singular || Plural ||
Masculino	Femenino	Masculino	Femenino
mío	mía	míos	mías
tuyo	tuya	tuyos	tuyas
suyo	suya	suyos	suyas

| Varios poseedores ||||
| Singular || Plural ||
Masculino	Femenino	Masculino	Femenino
nuestro	nuestra	nuestros	nuestras
vuestro	vuestra	vuestros	vuestras
suyo	suya	suyos	suyas

APÉNDICE GRAMATICAL

Los posesivos también presentan estas formas cuando van separados del sustantivo por el verbo *ser:*
*Esta mochila es **suya**.*

Y también cuando van precedidos de un determinante artículo:
*–Mi cumpleaños es el 10 de agosto, ¿y **el tuyo**?*
*–**El mío** es el 13 de diciembre.*

LOS DEMOSTRATIVOS

Los demostrativos concuerdan en género y número con el sustantivo. Son elementos que se usan para señalar en el espacio, en el tiempo o en el contexto.

- *Este* (y sus formas) señala algo que está próximo al que habla.
  ***Este** libro es muy interesante.*

- *Ese* (y sus formas) señala algo próximo también al que escucha.
  *Dame **esa** foto que tienes en la mano.*

- *Aquel* (y sus formas) señala algo alejado tanto del que habla como del que escucha.
  ***Aquellas** casas son las de mi urbanización.*

Las formas de los demostrativos son las siguientes:

Singular			Plural	
Masculino	Femenino	Neutro	Masculino	Femenino
este	esta	esto	estos	estas
ese	esa	eso	esos	esas
aquel	aquella	aquello	aquellos	aquellas

Los demostrativos pueden ser *adjetivos* y *pronombres;* en los dos casos presentan las mismas formas.

- Como determinantes pueden aparecer delante o detrás del sustantivo.
  ***Aquel** niño es mi primo.*
  *La camisa **esta** es muy elegante.*

- Son pronombres cuando no acompañan a ningún sustantivo:
  ***Ese** es el más guapo.*

Los demostrativos neutros no concuerdan con ningún sustantivo, hacen referencia a algo que se dice antes en el contexto o a algo que se dirá después:
*Es muy importante **esto**: no llegues tarde.*
–No vienes en metro, ¿verdad?
*–**Eso es**.*

AQUÍ / ACÁ; AHÍ; ALLÍ / ALLÁ

Aquí, ahí, allí son adverbios que se utilizan para situar en el espacio.

- *Aquí / acá* indica proximidad en relación con el que habla.
  *Vivimos **aquí**.*

- *Ahí* indica proximidad en relación con el que escucha.
  ***Ahí** está tu libro, a tu derecha.*

- *Allí / allá* indica alejamiento.
  *Fuimos a Londres este verano. **Allí** hay unos museos estupendos.*

VERBOS: PRESENTE DE INDICATIVO

> **¡ATENCIÓN!** En Argentina y en diversas zonas de América se usa *vos* en lugar de *tú*. Eso afecta al verbo: *vos te llamás, vos tenés, vos sos*.

VERBOS REGULARES

	HABLAR (1ª conjugación)	COMER (2ª conjugación)	VIVIR (3ª conjugación)
Yo	hablo	como	vivo
Tú	hablas	comes	vives
Él / ella / usted	habla	come	vive
Nosotros / nosotras	hablamos	comemos	vivimos
Vosotros / vosotras	habláis	coméis	vivís
Ellos / ellas / ustedes	hablan	comen	viven

VERBOS PRONOMINALES

	LLAMARSE	APELLIDARSE	LEVANTARSE
Yo	me llamo	me apellido	me levanto
Tú	te llamas	te apellidas	te levantas
Él / ella / usted	se llama	se apellida	se levanta
Nosotros / nosotras	nos llamamos	nos apellidamos	nos levantamos
Vosotros / vosotras	os llamáis	os apellidáis	os levantáis
Ellos / ellas / ustedes	se llaman	se apellidan	se levantan

VERBOS IRREGULARES

	SER	ESTAR
Yo	soy	estoy
Tú	eres	estás
Él / ella / usted	es	está
Nosotros / nosotras	somos	estamos
Vosotros / vosotras	sois	estáis
Ellos / ellas / ustedes	son	están

ochenta y tres

APÉNDICE GRAMATICAL

- Verbos que presentan irregularidad en la 1.ª persona del singular como *venir, hacer, salir, decir, tener, poner.*

Salir → salgo   Venir → vengo   Decir → digo
Tener → tengo   Poner → pongo   Hacer → hago

	TENER	SALIR	DECIR	HACER
Yo	tengo	salgo	digo	hago
Tú	tienes	sales	dices	haces
Él / ella / usted	tiene	sale	dice	hace
Nosotros / nosotras	tenemos	salimos	decimos	hacemos
Vosotros / vosotras	tenéis	salís	decís	hacéis
Ellos / ellas / ustedes	tienen	salen	dicen	hacen

- Verbos que cambian la vocal de la raíz en la 1.ª, 2.ª y 3.ª persona del singular y en la 3.ª persona del plural.

e → ie, como *empezar, querer, despertarse, merendar.*   o → ue, como *volver, soler, acostarse.*

Yo	empiezo
Tú	empiezas
Él / ella / usted	empieza
Nosotros / nosotras	empezamos
Vosotros / vosotras	empezáis
Ellos / ellas / ustedes	empiezan

Yo	vuelvo
Tú	vuelves
Él / ella / usted	vuelve
Nosotros / nosotras	volvemos
Vosotros / vosotras	volvéis
Ellos / ellas / ustedes	vuelven

e → i, como *pedir, decir, seguir.*

Yo	pido	digo
Tú	pides	dices
Él / ella / usted	pide	dice
Nosotros / nosotras	pedimos	decimos
Vosotros / vosotras	pedís	decís
Ellos / ellas / ustedes	piden	dicen

- Verbos con otras irregularidades como *ir* y *saber.*

	IR	SABER
Yo	voy	sé
Tú	vas	sabes
Él / ella / usted	va	sabe
Nosotros / nosotras	vamos	sabemos
Vosotros / vosotras	vais	sabéis
Ellos / ellas / ustedes	van	saben

84 ochenta y cuatro

LA HORA

Las tres en punto.   Las ocho menos diez.   Las diez y diez.   Las cinco y media.

- **Para preguntar la hora decimos:**
  ¿Qué hora es?

- **Para responder decimos:**
  Son las siete y diez (7:10).
  Son las cuatro menos veinticinco (15:35).

- **Cuando hablamos de la *una* decimos:** *Es la una.*

- **Para decir la hora a la que realizamos una acción utilizamos la preposición "a".**
  *Me levanto **a** las siete.*

SUPERLATIVOS ABSOLUTOS

Para destacar una cualidad de una cosa, una persona o un lugar utilizamos:

- **Adjetivo terminado en vocal -a, -e, -o: se quita la vocal y se añade *-ísimo/a/os/as*:**
  *Mario es **guapísimo** (guapo + -ísimo).*
  *Estas montañas son **bellísimas**.*
  *El salón es **grandísimo**, pero la cocina es **pequeñísima**.*
  *El AVE es un tren que va **rapidísimo**.*

- **Adjetivo terminado en consonante: se agrega *-ísimo/a/os/as*:**
  *Mañana Luis tiene un examen **dificilísimo**.*
  *Estas tijeras me sirven mucho: son **utilísimas**.*

- **¡Ojo! Los adjetivos terminados en *-ble* sufren una pequeña modificación antes de añadir *-ísimo/a/os/as*:**
  *Hoy hace un día **agradabilísimo**.*

Además de la terminación *-ísimo/a/os/as*, también formamos el superlativo con:

- ***Muy* + adjetivo:**
  *Pedro es **muy** inteligente = inteligentísimo.*
  *Aquellos árboles son **muy** altos = altísimos.*

MUY / UN POCO

Muy y *un poco* son formas invariables cuando van seguidas de un adjetivo. Se utilizan para intensificar cualidades:
*Mi casa es **un poco** pequeña.*
*Los amigos de Vicente son **muy** simpáticos.*

ochenta y cinco

TRANSCRIPCIONES

LECCIÓN 1

Ejercicio 3

Paloma: ¡Hola!
Mauro: ¡Hola! ¿Qué tal?
Paloma: Bien. ¿Cómo te llamas?
Mauro: Me llamo Mauro. ¿Y tú?
Paloma: Paloma.
Mauro: ¿De dónde eres?
Paloma: Soy española. De Madrid.
Mauro: ¿Cuántos años tienes?
Paloma: Tengo 12 años.

Ana: Buenas tardes.
Roberto: Buenas tardes.
Ana: Soy Ana Jiménez, la madre de Paloma Esteban.
Roberto: Encantado. Yo soy Roberto Ortega, el director del colegio español. ¿De dónde es usted?
Ana: Soy de Madrid, pero ahora vivimos en esta ciudad.
Roberto: Bienvenida.
Ana: Gracias. ¡Hasta luego!
Roberto: Adiós.

Ejercicio 10

cero, uno, dos, tres, cuatro, cinco, seis, siete, ocho, nueve, diez, once, doce, trece, catorce, quince, dieciséis, diecisiete, dieciocho, diecinueve, veinte, veintiuno, veintidós, veintitrés, veinticuatro, veinticinco, veintiséis, veintisiete, veintiocho, veintinueve, treinta

Ejercicio 12

a, be, ce, de, e, efe, ge, hache, i, jota, ka, ele, eme, ene, eñe, o, pe, cu, erre, ese, te, u, uve, uve doble, equis, ye, zeta

Ejercicio 12.1

che, elle, erre

Ejercicio 14

Argentina, Brasil, Colombia, Dinamarca, Ecuador, Francia, Guatemala, Honduras, Italia, Jamaica, Kenia, Lima, Marruecos, Namibia, España, Oslo, Portugal, Quito, Caracas, El Salvador, Tailandia, Uruguay, Venezuela, Washington, Luxemburgo, Yemen, Amazonia

LECCIÓN 2

Ejercicio 3

La casa de Julia. Mi casa está en el centro de Madrid. Es un piso y tiene una terraza. Hay tres dormitorios, un salón, una cocina y dos cuartos de baño. El salón es muy grande; hay un sofá, dos sillones, una mesa y una televisión. En un cuarto de baño hay una bañera y en el otro una ducha.

La casa de María. Yo vivo en una casa a las afueras. Mi casa tiene cuatro habitaciones, un cuarto de baño, una cocina y un salón. En el salón hay una mesa y un sofá. También hay un pequeño jardín.

Ejercicio 9

lavabo, estantería, lámpara, ducha, espejo

Ejercicio 13

casa, habitación, cien, blanco, América, catorce, cuadro, cosa, once, cuaderno

Ejercicio 14

a, e, i, o, u

Ejercicio 24

Bien, vamos a comenzar por colocar las cosas en el escenario antes de empezar el ensayo. El libro, encima de la mesa. Al lado de la lámpara, la silla... ¡No! A la derecha no, a la izquierda. Vale. Ahora el sillón, al fondo, y junto al sillón, en la pared, el espejo. ¡Perfecto!

LECCIÓN 3

Ejercicio 3

Hoy es el cumpleaños de mi abuela; se llama María y tiene dos hijos y una hija: Pedro, Juan y Lola. Pedro es mi padre y está casado con Celia, mi madre. Tengo una hermana mayor que se llama Laura. Mi tío Juan está casado con mi tía Soledad y tienen dos hijos, mis primos Javier y Tomás. El marido de mi tía Lola se llama José Luis. Ellos tienen una hija, que es mi prima Eva. Mi familia es muy simpática.

Ejercicio 12

- gato, goma, guerra

- jaula, julio, Gema

Ejercicio 13

goma, gato, gente, gimnasia, gusano, gorra, García, Gema, girar, gustar

TRANSCRIPCIONES

Ejercicio 13.2

guiño, guerra, guisante, merengue

Ejercicio 14

junio, jota, jaula, Jerónimo, Jiménez

Ejercicio 15

jirafa, gorro, gato, junio, Javier, guerrilla, guiso, gusano, goma, jamón, Guillermo, gente

LECCIÓN 4

Ejercicio 3

El lunes a las diez tengo lengua y a las doce y media tengo música. El martes a las nueve tengo matemáticas y a la una y media de la tarde tengo historia. Los miércoles tengo geografía a las diez de la mañana después de inglés. El jueves tengo plástica a las dos y cuarto. El viernes a las 10 tengo educación física. Ah, se me olvidaba, estudio francés los lunes a las dos y cuarto de la tarde. Y al mediodía, a las doce, estoy jugando porque estoy en el recreo.

Ejercicio 4

- Las cinco en punto.
- Las cuatro y media.
- Las dos y cinco.
- Las ocho y cuarto.

Ejercicio 10

Pedro: Mi colegio está muy lejos de mi casa. Casi siempre mi padre me lleva en coche.

Juan: Yo voy al cole en autobús y en metro.

María: Siempre voy al colegio andando.

Antonio: Yo vivo en un pueblo pequeño y voy al colegio en bicicleta.

Luis: Yo voy al colegio en mi moto.

Ejercicio 12

rubio, cara, toro, perro, israelí, Enrique, horrible, alrededor, hierro, revolución, error, salir

Ejercicio 13

ratón, caro, tierra, rojo, amarillo, libro, regla, ruso, Manrique, ir

Ejercicio 15

hermano, amigo, casa, televisión, blanco, balcón, azul, árbol, reloj, página

Ejercicio 22

¿A qué hora te levantas?

¿Haces tu cama todos los días?

¿Qué días de la semana tienes clase de español?

¿Cómo vas al colegio?

¿Qué sueles hacer después de cenar?

LECCIÓN 5

Ejercicio 3

Camarero: ¿Qué van a tomar?
Madre: Yo, de primer plato, quiero verdura a la plancha y de segundo, filete de ternera.
Camarero: ¿Y usted, señor?
Padre: Pues… yo ensalada mixta y después pescado frito.
Pablo: Yo también quiero ensalada, y de segundo, patatas con carne.
Camarero: ¿Y para beber?
Padre: Una botella de agua y… ¿tú qué quieres, Pablo?
Pablo: Yo, un refresco de limón.

Camarero: ¿Qué tal todo?
Madre: Todo está muy bueno, gracias.
Camarero: ¿Qué quieren tomar de postre?
Padre: Yo quiero fruta de temporada.
Pablo: Yo quiero un flan, por favor.
Camarero: ¿Y para usted, señora?
Madre: Para mí, unas natillas.

Padre: Por favor, ¿nos trae la cuenta?
Camarero: Sí, aquí tiene.
Padre: Muchas gracias.

Ejercicio 4

Pedro: A mí me encanta la carne, especialmente asada. Me gustan mucho las ensaladas, y de postre me gusta tomar fruta. ¿Y a ti?, ¿qué comida te gusta?

Ana: A mí no me gusta la carne; prefiero el pescado. Me gustan sobre todo las sardinas. ¡Ah! Y no me gusta nada la fruta. De postre me gusta tomar flan de huevo.

Ejercicio 10

hola, almohada, hoja, humo, hache

Ejercicio 12

quien, casa, queso, colegio, que, cuchara

Ejercicio 13

zapato, zorro, cocina, azul, cero, marzo, gracias

Ejercicio 14

hermano, zumo, zapatería, hacer, cecina, quien, aquella, haber, zueco, cuchillo, almohada, horno, historia, cero, azul, cien

Ejercicio 22

1. A mí me encanta ir al colegio, pero no me gusta nada estudiar inglés.
2. A mí me encantan las vacaciones pero no me gusta ir al colegio.
3. A mí me gustan mucho las frutas pero no me gusta el pescado.

LECCIÓN 6

Ejercicio 3

María: ¡Hola, Juan! ¿Qué te pasa? Tienes mala cara.

Juan: Sí, no me encuentro bien; estoy muy cansado y me duele la cabeza.

María: Pues tómate un vaso de leche y duerme.

Pepe: ¿Cómo estás, Alejandro?

Alejandro: Estoy regular; me duele mucho la espalda.

Luisa: ¿Qué le pasa a tu madre?

Fernando: Está enferma; tiene fiebre y le duelen mucho las piernas. Además tiene tos porque está un poco resfriada.

Ejercicio 4

María tiene frío; no se encuentra bien porque está resfriada.

Pablo está nervioso porque le van a sacar una muela.

Jaime está muy cansado y tiene mucho sueño.

Sonia está deprimida porque su amiga Marta está enferma.

Ejercicio 11

abuela / vuelo; rubio / vino; bajo / vaso; boca / vosotros; beso / vestido

Ejercicio 12

invierno, hablo, estable, abrir, hambre, invertir, fiebre, enviar, libro, blanco, brazo, septiembre, cambiar, hamburguesa

Ejercicio 24

pecho, mano, hombro, nariz, orejas, rodilla, pie, cuello

GLOSARIO

Este GLOSARIO traducido recoge alfabéticamente el vocabulario que los alumnos deben conocer al final del curso. Se han añadido aquellos términos relacionados con el campo semántico de cada unidad, diferenciándose tipográficamente en color rojo. En el caso del portugués, se añade entre paréntesis la variante brasileña. Al final se incluyen, por unidades, los Giros y Expresiones estudiados en cada función comunicativa, para traducir al idioma de cada estudiante.

ESPAÑOL	INGLÉS	FRANCÉS	ALEMÁN	ITALIANO	PORTUGUÉS
A					
abierto	open, opened	ouvert	offen, geöffnet	aperto	aberto
abrigo	coat	manteau	Mantel	cappotto	casaco
abril	April	avril	April	aprile	abril
abrir	to open	ouvrir	öffnen, aufmachen	aprire	abrir
abuelo	grandfather	grand-père	Großvater	nonno	avô
aburrido	bored, boring	ennuyé, ennuyeux	langweilig	annoiato, noioso	aborrecido (entediado)
aceite	oil	huile	Öl	olio	azeite
aconsejar	to advise	conseiller	raten	consigliare	aconselhar
acordarse (de)	to remember	se souvenir, se rappeler	sich erinnern	ricordarsi di	lembrar-se
acostarse	to go to bed	se coucher	ins Bett gehen	andare a letto	deitar-se
actividad	activity	activité	Tätigkeit, Aktivität	attività	atividade
actuar	to act, to perform	jouer	spielen, auftreten	recitare, lavorare	atuar
adiós	goodbye	adieu	auf Wiedersehen (tschüss)	ciao	adeus (tchau)
adivinar	to guess	deviner	raten, erraten	indovinare	adivinhar
adjetivo	adjective	adjectif	Adjektiv	aggettivo	adjetivo
afición	liking, taste	penchant, goût	Vorliebe, Neigung	inclinazione, hobby	hobby
afueras	outskirts	périphérie	Stadtrand	periferia	arredores
agua	water	eau	Wasser	acqua	água
agua mineral	mineral water	eau minérale	Mineralwasser	acqua minerale	água mineral
ahora	now	maintenant	jetzt, nun	adesso, ora	agora
alegre	happy, cheerful	gai, joyeux	fröhlich, heiter	allegro, gioioso	alegre
alfabeto	alphabet	alphabet	Alphabet	alfabeto	alfabeto
algodón	cotton	coton	Baumwolle	cotone	algodão
alimentación	diet, feeding, food	alimentation	Ernährung	alimentazione	alimentação
alimento	food	aliment, nourriture	Nahrung	alimento, cibo	alimento
alrededor (de)	around, about	autour (de)	um... (herum), rund um	intorno (a)	em volta (de)
alto	tall, high, loud	haut, grand	hoch, groß, laut	alto	alto
alumno	pupil, student	élève	Schüler, Student	allievo, alunno	aluno
amarillo	yellow	jaune	gelb	giallo	amarelo
ambiente	environment	environnement	Umwelt	ambiente	ambiente
amigo	friend	ami	Freund	amico	amigo
amplio	wide, broad	large, ample	weit, breit	ampio	amplo
andar	to walk	marcher	(zu Fuß) gehen	camminare	andar
animal	animal	animal	Tier	animale	animal
ánimo	mood, spirits	humeur, courage	Stimmung, Gemüt	animo, coraggio	ânimo
aniversario	anniversary	anniversaire	Jahrestag, Jubiläum	anniversario	aniversário
antes (de)	before	avant (de)	vor	prima (di)	antes (de)
anuncio	advertisement	annonce, publicité	Anzeige, Annonce	annuncio, pubblicità	anúncio
año	year	année	Jahr	anno	ano
aparecer	to appear	apparaître	erscheinen, auftreten	apparire, comparire	aparecer
apartamento	apartment, flat	appartement	Appartement, Wohnung	appartamento	apartamento
apellidarse	to be called	s'appeler	heißen	chiamarsi	ter por apelido (ter por sobrenome)
apellido	surname, last name	nom (de famille)	Familienname	cognome	apelido (sobrenome)
aperitivo	aperitif, appetizer	apéritif, amuse-gueule	Aperitif	aperitivo	aperitivo
aprender	to learn	apprendre	lernen	imparare	aprender
aprobar	to pass	réussir	bestehen	promuovere	aprovar
apuntarse (a)	to sign up, to enroll	s'inscrire (à)	sich einschreiben	iscriversi	inscrever-se
árbol	tree	arbre	Baum	albero	árvore
armario	wardrobe, closet	armoire, placard	Schrank	armadio	armário
arroz	rice	riz	Reis	riso	arroz

ESPAÑOL	INGLÉS	FRANCÉS	ALEMÁN	ITALIANO	PORTUGUÉS
asado	roast	rôti	Braten	arrosto	assado
ascensor	lift, elevator	ascenseur	Aufzug	ascensore	elevador
asignatura	subject	matière	Fach	materia	matéria, disciplina
atención	attention	attention	Aufmerksamkeit	attenzione	atenção
autobús	bus	autobus	Bus	autobus	autocarro (ônibus)
ayudar	to help	aider	helfen	aiutare	ajudar
azúcar	sugar	sucre	Zucker	zucchero	açúcar
azul	blue	bleu	blau	azzurro	azul

B

ESPAÑOL	INGLÉS	FRANCÉS	ALEMÁN	ITALIANO	PORTUGUÉS
bailar	to dance	danser	tanzen	ballare	dançar
bajo	short, low	bas, petit	niedrig, klein, leise	basso	baixo
balcón	balcony	balcon	Balkon	balcone	sacada
baloncesto	basketball	basket-ball	Basketball	pallacanestro	basquete
bañarse	to bathe	se baigner	(sich) baden	farsi il bagno	tomar banho
bañera	bathtub	baignoire	Badewanne	vasca da bagno	banheira
bar	bar	bar	Bar	bar	bar
barato	cheap	(à) bon marché	billig	a buon mercato, economico	barato
barba	beard	barbe	Bart	barba	barba
barbilla	chin	menton	Kinn	mento	queixo
barra de pan	french loaf	baguette	Brotlaib, Baguette	filone di pane	baguete (bisnaga)
barrer	to sweep	balayer	fegen, kehren	spazzare	varrer
bebida	drink	boisson	Getränk	bevanda, bibita	bebida
besar	to kiss	embrasser	küssen	baciare	beijar
beso	kiss	baiser	Kuss	bacio	beijo
bicicleta	bicycle	bicyclette	Fahrrad	bicicletta	bicicleta
bien	well, good	bien	gut	bene	bem
bigote	mustache	moustache	Schnurrbart	baffi	bigode
bistec	(beef)steak	bifteck	(Beaf)steak	bistecca	bife
blanco	white	blanc	weiß	bianco	branco
blusa	blouse	chemisier	Bluse	camicetta	blusa
boca	mouth	bouche	Mund	bocca	boca
bocadillo	sandwich	sandwich	belegtes Brot	panino	sandes (sanduíche)
boda	wedding	mariage	Hochzeit	matrimonio	casamento
bolígrafo	ballpoint pen	stylo-bille	Kugelschreiber	penna a sfera	caneta
bolsa	bag	sac	Beutel	borsa	saco
bollo	roll, bun	pain au lait, brioche	Hefegebäck, Brötchen	panino dolce	doce
bonito	pretty, nice	joli	schön, hübsch	bello	bonito
borrador	eraser	gomme, brosse	Radiergummi	bruttacopia	borracha
bota	boot	botte	Stiefel	stivale	bota
bote	can	boîte	Dose	lattina	lata (de cerveja)
botella	bottle	bouteille	Flasche	bottiglia	garrafa
brazo	arm	bras	Arm	braccio	braço
bueno	good	bon	gut	buono	bom
bufanda	scarf	écharpe	Schal	sciarpa	cachecol
buhardilla	attic	mansarde	Mansarde, Dachboden	soffitta	sótão
buscar	to look for, to seek	chercher	suchen	cercare	procurar

C

ESPAÑOL	INGLÉS	FRANCÉS	ALEMÁN	ITALIANO	PORTUGUÉS
cabeza	head	tête	Kopf	testa	cabeça
café	coffee	café	Kaffee	caffè	café
cafetería	coffee shop, coffee bar	snack-bar	Café, Cafeteria	caffè	cafeteria
calendario	calendar	calendrier	Kalender	calendario	calendário
caliente	hot	chaud	heiß, warm	caldo	quente
calor	heat	chaleur	Hitze, Wärme	caldo, calore	calor
calvo	bald	chauve	glatzköpfig	calvo	careca
calle	street	rue	Straße	strada, via	rua
cama	bed	lit	Bett	letto	cama
camarero	waiter, barman	garçon	Kellner, Barman, Ober	cameriere	empregado de mesa (garçom)
cambiar	to change	changer	ändern, wechseln	cambiare	mudar, trocar
camisa	shirt	chemise	Hemd	camicia	camisa
camiseta	t-shirt	t-shirt	T-Shirt	t-shirt, maglia, maglietta	camiseta
campamento	camp	campement	Lager	campeggio, accampamento	acampamento
cano	white (hair)	blanc (cheveux)	grauhaarig, weiß	canuto	de (com) cabelos brancos
cansado	tired	las, fatigué	müde	stanco	cansado
cantante	singer	chanteur	Sänger	cantante	cantor /a
carne	meat	viande	Fleisch	carne	carne

noventa y una **91**

ESPAÑOL	INGLÉS	FRANCÉS	ALEMÁN	ITALIANO	PORTUGUÉS
caro	expensive	cher	teuer	caro	caro
carta	letter	lettre	Brief	lettera	ementa (cardápio)
casado	married	marié	verheiratet	sposato	casado
casi	nearly, almost	presque	fast, beinahe	quasi	quase
castaño	chestnut, brown	châtain, brun	kastanienbraun, braun	castano	castanho
ceja	eyebrow	sourcil	Augenbraue	sopracciglio	sobrancelha
celebrar	to celebrate	célébrer	feiern, abhalten	celebrare	comemorar
cena	supper, dinner	dîner	Abendessen	cena	(o) jantar
cenar	to have dinner, to have supper	dîner	zu Abend essen	cenare	jantar
céntimo	cent, penny	centime, sou	Cent, Hundertstel	centesimo	cêntimo (centavo)
centro	center	centre	Zentrum, Mitte	centro	centro
cerca (de)	near	près	nah(e)	vicino, presso	perto
cerdo	pig	cochon, porc	Schwein	maiale	porco
cereales	cereals, grain, corn	céréales	Getreide	cereali	cereais
ceremonia	ceremony	cérémonie	Zeremonie	cerimonia	cerimônia
cerrado	closed	fermé	geschlossen	chiuso	fechado
cerrar	to close	fermer	schließen	chiudere	fechar
cerveza	beer	bière	Bier	birra	cerveja
chalé	cottage, house	chalet, villa	Landhaus, Einfamilienhaus	villetta, chalet	casa
chándal	tracksuit, jogging suit	survêtement	Trainingsanzug	tuta	fato de treino (conjunto de molet
chaqueta	jacket	veste	Jacke, Jackett	giacca	casaco social (paletó)
chico	boy	garçon	Junge	ragazzo	rapaz (menino, garoto)
chocolate	chocolate	chocolat	Schokolade	cioccolato, cioccolata	chocolate
chorizo	sausage	chorizo	Paprikawurst	salame spagnolo	chouriço (salame, linguiça)
chuleta	chop	côtelette	Kotelett	braciola	costeleta
cielo	sky	ciel	Himmel	cielo	céu
cigarrillo	cigarette	cigarette	Zigarette	sigaretta	cigarro
cine	cinema	cinéma	Kino	cinema	cinema
ciudad	town, city	ville	Stadt	città	cidade
coche	car	voiture	Wagen	macchina	carro
cocido	boiled	cuit	gekocht	cotto	cozido
cocina	kitchen	cuisine	Küche	cucina	cozinha
coger	to take, to catch	prendre	nehmen	prendere	apanhar (pegar)
colegio	school	école	Schule	scuola	colégio
coliflor	cauliflower	chou-fleur	Blumenkohl	cavolfiore	couve-flor
color	color	couleur	Farbe	colore	cor
columna	column, pillar	colonne	Säule, Kolumne, Spalte	colonna	coluna
comer	to eat	manger	essen	mangiare	almoçar, comer
comida	food, meal	nourriture, repas	Nahrung, Essen, Mahlzeit	cibo, pasto	refeição
cómodo	comfortable	confortable	bequem	comodo	cômodo
compañero	mate	camarade, copain	Kamerad, Kumpel	compagno	colega
comparar	to compare	comparer	vergleichen	paragonare, comparare	comparar
completar	to complete	compléter	ergänzen	completare	completar
comprar	to buy	acheter	kaufen	comprare	comprar
concierto	concert	concert	Konzert	concerto	concerto
consejo	advice	conseil	Rat	consiglio	conselho
conservar	to keep, to preserve	conserver, garder	erhalten	conservare	conservar
consulta	office (doctor)	consultation, cabinet	Sprechstunde, Praxis	consulto, ambulatorio	consulta
consultar	to consult	consulter	zu Rate ziehen, konsultieren	consultare	consultar
consumir	to consume	consommer	konsumieren, verbrauchen	consumare	consumir
contar	to tell, to count	raconter, compter	erzählen, zählen	raccontare, contare	contar
contento	happy	content	zufrieden, froh	contento	contente
contestar	to answer	répondre	antworten	rispondere	responder
contrario	opposite, contrary	contraire	entgegengesetzt, Gegenteil	contrario	contrário
corbata	tie, necktie	cravate	Krawatte	cravatta	gravata
cordero	lamb	agneau	Lamm	agnello	cordeiro
corregir	to correct	corriger	korrigieren, verbessern	correggere	corrigir
correr	to run	courir	rennen, laufen	correre	correr
corresponder	to be appropriate	être approprié	geeignet sein	coincidere	corresponder
cortina	curtain	rideau	Vorhang	tenda	cortina
corto	short	court	kurz	corto	curto
cosa	thing	chose	Ding, Sache	cosa	coisa

ESPAÑOL	INGLÉS	FRANCÉS	ALEMÁN	ITALIANO	PORTUGUÉS
costumbre	custom, habit	coutume, habitude	Sitte, Angewohnheit	usanza, abitudine	costume
cuaderno	exercise book, notebook	cahier	Heft	quaderno	caderno
cuadro	painting, picture	tableau, peinture	Gemälde, Bild	quadro	quadro
cuando	when	quand, lorsque	wenn	quando	quando
cuánto	how much	combien	wieviel	quanto	quanto
cuarto de baño	bathroom	salle de bains	Badezimmer	bagno	casa de banho (banheiro)
cubiertos	cutlery	couverts	Besteck	posate	talheres
cuchara	spoon	cuillière	Löffel	cucchiaio	colher
cuchillo	knife	couteau	Messer	coltello	faca
cuello	neck	cou, col	Hals, Kragenc	collo	pescoço
cuento	short story, tale	conte	Erzählung	racconto	conto
cuerpo	body	corps	Körper	corpo	corpo
cuidar	to look after, to take care of	soigner	pflegen	curare, badare	cuidar
cumpleaños	birthday	anniversaire	Geburtstag	compleanno	aniversário
cuñado	brother-in-law	beau-frère	Schwager	cognato	cunhado
curar	to cure, to heal	soigner, guérir	heilen	guarire	curar
curso	course, year	cours	Lehrgang, Kurs	corso	curso

D

ESPAÑOL	INGLÉS	FRANCÉS	ALEMÁN	ITALIANO	PORTUGUÉS
danza	dance	danse	Tanz	ballo, danza	dança
dato	piece of information, fact	donnée	Angabe	dato	dado
debajo	under, underneath	sous	unter	sotto	debaixo
deberes	homework	devoirs	Hausaufgaben	compiti	deveres
débil	weak	faible	schwach	debole	fraco
decir	to say	dire	sagen	dire	dizer
dedo	finger	doigt	Finger	dito	dedo
delante	in front (of)	devant	vor	davanti	diante
deletrear	to spell	épeler	buchstabieren	compitare	soletrar
delgado	thin	maigre, mince	dünn, schlank	magro	magro
dentista	dentist	dentiste	Zahnarzt	dentista	dentista
dentro (de)	in, inside	dans, dedans	in, innen	dentro	dentro
deporte	sport	sport	Sport	sport	desporto (esporte)
deportista	sportsman	sportif	Sportler	sportivo	desportista (esportista)
deportivas (zapatillas)	trainers, sneakers	chaussures de sport	Turnschuhe, Trainingsschuhe	scarpe da ginnastica	tênis
deprimido	depressed	déprimé	deprimiert	depresso	deprimido
derecha	right	droite	rechts	destra	direita
desayuno	breakfast	petit déjeuner	Frühstück	prima colazione	pequeno-almoço (café da manhã)
descansar	to rest	se reposer	sich ausruhen	riposare	descansar
describir	describe	décrire	beschreiben	descrivere	descrever
descubrimiento	discovery	découverte	Entdeckung	scoperta	descobrimento
desear	to like, to wish, to want	désirer	mögen, wünschen	desiderare	desejar
despedirse	to say goodbye	dire au revoir, prendre congé	sich verabschieden	prendere congedo	despedir-se
después (de)	after	après	nach, nacher	dopo	depois
detrás (de)	behind	derrière	hinter	dietro	atrás
día	day	jour	Tag	giorno	dia
diálogo	dialogue, conversation	dialogue	Dialog, Gespräch	dialogo	diálogo
dibujo	drawing	dessin	Zeichnung	disegno	desenho
diciembre	December	décembre	Dezember	dicembre	dezembro
diente	tooth	dent	Zahn	dente	dente
diferencia	difference	différence	Unterschied	differenza	diferença
dirección	address	adresse	Adresse	indirizzo	morada (endereço)
disfrutar (de)	to enjoy	profiter (de)	genießen	godere	desfrutar (curtir)
divertido	fun, funny	amusant	lustig	divertente	divertido
doce	twelve	douze	zwölf	dodici	doze
docena	dozen	douzaine	Dutzend	dozzina	dezena
doler	to hurt	faire mal	schmerzen	far male	doer
dolor	pain	douleur	Schmerz	dolore	dor
domingo	Sunday	dimanche	Sonntag	domenica	domingo
dónde	where	où	wo	dove	onde
dormitorio	bedroom	chambre à coucher	Schlafzimmer	camera da letto	quarto
ducha	shower	douche	Dusche	doccia	duche (chuveiro)
ducharse	to take a shower	se doucher	sich duschen	fare la doccia	tomar banho
dulce	sweet	doux, sucré	süß	dolce	doce

E

ESPAÑOL	INGLÉS	FRANCÉS	ALEMÁN	ITALIANO	PORTUGUÉS
Educación Física	physical education	éducation physique	Sportunterricht, Schulsport	educazione fisica	educação física
ejemplo	example	exemple	Beispiel	essempio	exemplo
elegante	smart	élégant	elegant	elegante	elegante
elegir	to choose	choisir	wählen	scegliere	escolher
empezar	to begin	commencer	beginnen	cominciare	começar
encantar	to love	adorer	erfreuen, begeistern	piacere molto	muito prazer, adorar
encima (de)	on, over	sur	auf, über	su, sopra	em cima (de)
encontrarse	to meet	se retrouver, se rencontrer	sich treffen	incontrarsi	encontrar-se

noventa y tres **93**

ESPAÑOL	INGLÉS	FRANCÉS	ALEMÁN	ITALIANO	PORTUGUÉS
enero	January	janvier	Januar	gennaio	janeiro
enfadarse	to get angry	se fâcher	sich ärgern	arrabbiarsi	zangar-se (chatear-se)
enfermo	ill	malade	Kranke	malato	doente
ensalada mixta	mixed salad	salade composée	gemischter Salat	insalata mista	salada
entender	to understand	comprendre	verstehen	capire	entender
entrar	to come in, to enter	entrer	eintreten	entrare	entrar
equipo	team, group	équipe, groupe	Team, Arbeitsgruppe	gruppo	equipa (time)
error	mistake	erreur	Fehler	errore	erro
escribir	to write	écrire	schreiben	scrivere	escrever
escuchar	to listen	écouter	zuhören	ascoltare	escutar
espalda	back	dos	Rücken	schiena	costas
esquí	ski	ski	Ski	sci	esqui
estampado	printed, patterned	imprimé	bedruckt	stampato	estampado
estantería	shelves, bookcase	étagère	Regal	scaffale	estante
este	east	est	Ost	est	leste
estilo	style	style	Stil	stile	estilo
estómago	stomach	estomac	Magen	stomaco	estômago
estudiante	student	étudiant	Student	studente	estudante
estudiar	to study	étudier	studieren	studiare	estudar
estudio	study	étude	Lernen, Studium	studio	estudo
examen	examination, test	examen	Prüfung	esame	exame (prova)
excursión	trip, excursion	excursion, tour	Ausflug	gita, escursione	excursão
expresión	expression	expression	Ausdruck	espressione	expressão
exterior	outside	extérieur	äußere, Äußere	esterno	exterior
extranjero	foreigner, abroad	étranger	Ausländer, Ausland	straniero, estero	estrangeiro

F

falda	skirt	jupe	Rock	gonna	saia
fama	fame	célébrité, réputation	Ruhm	fama	fama
familia	family	famille	Familie	famiglia	família
famoso	famous	célèbre	berühmt	famoso	famoso
febrero	February	février	Februar	febbraio	fevereiro
fecha	date	date	Datum	data	data
femenino	feminine	féminin	feminin	femminile	feminino
feo	ugly	laid	hässlich	brutto	feio
fiesta	party, festival, feast	fête	Fest	festa	festa
fijarse (en)	to notice, to watch	remarquer, faire attention	beachten, bemerken	notare, fare attenzione	notar
fila	row	rang	Reihe	fila	fileira
filete	fillet, steak	filet, bifteck	Filet	bistecca	filé
fin de semana	weekend	week-end	Wochenende	fine settimana, weekend	fim de semana
flan	crème caramel	flan	Karamellpudding	flan, crème caramel	flan
foto	photo, picture	photo	Foto, Bild	foto	foto
frase	sentence	phrase	Satz	frase	frase
frecuencia	frequency	fréquence	Häufigkeit	frequenza	frequência
fregadero	sink	évier	Spüle	lavandino, acquaio	pia
fregar	to wash	laver	spülen	lavare	esfregar
frente	forehead, brow	front	Stirn	fronte	testa
fresco	fresh, cold	frais	frisch, kühl	fresco	fresco
frigorífico	refrigerator, fridge	réfrigérateur	Kühlschrank	frigorifero	frigorífico (geladeira)
frío	cold	froid	kalt	freddo	frio
frito	fried	frit	gebraten	fritto	frito
fruta	fruit	fruit	Obst	frutta	fruta
fuego	fire	feu	Feuer	fuoco	fogo
fuera (de)	out, outside	hors, dehors	draußen	fuori	fora (de)
fuerte	strong	fort	stark	forte	forte
fumar	to smoke	fumer	rauchen	fumare	fumar
fútbol	football, soccer	football	Fußball	calcio	futebol

G

gafas	glasses	lunettes	Brille	occhiali	óculos
galleta	cookie, biscuit	biscuit	Keks	biscotto	bolacha (biscoito)
gamba	prawn, shrimp	crevette	Krabbe, Garnele	gamberetto	camarão
garganta	throat	gorge	Hals, Kehle	gola	garganta

ESPAÑOL	INGLÉS	FRANCÉS	ALEMÁN	ITALIANO	PORTUGUÉS
Geografía	geography	géographie	Geographie	geografia	geografia
gesto	gesture	geste	Geste, Gebärde	gesto	gesto
gimnasio	gymnasium	gymnase	Turnhalle	palestra	ginásio (academia)
girar	to turn	tourner	drehen, abbiegen	voltare, girare	virar
gordo	fat	gros	dick	grasso	gordo
gorra	cap	casquette	Mütze	berretto	boné
grande	big, large	grand	groß	grande	grande
guapo	handsome, good-looking	beau	schön, gutaussehend	bello (di persona)	bonito
guisante	pea	petit pois	Erbse	pisello	ervilha
gustos	tastes	goûts	Geschmäcker	gusti	gosto

H

habitación	room	pièce, chambre	Zimmer	stanza, camera	quarto
hábito	habit	habitude	Angewohnheit	abitudine	hábito
habitual	usual	habituel	gewöhnlich	abituale	habitual
hablar	to speak, to talk	parler	sprechen	parlare	falar
hacer	to do, to make	faire	tun, machen	fare	fazer
hamburguesa	hamburger	hamburger	Hamburger	hamburger	hambúrguer
helado	ice cream	glace	Speiseeis, Eiscreme	gelato	gelado (sorvete)
hermano	brother	frère	Bruder	fratello	irmão
hijo	son	fils	Sohn	figlio	filho
hoja	sheet	feuille	Blatt	foglio	folha (papel)
hombro	shoulder	épaule	Schulter	spalla	ombro
hora	hour	heure	Stunde	ora	hora
horario	timetable, schedule	horaire	Zeitplan, Stundenplan	orario	horário
horno	oven	four	Backofen	forno	forno
hospital	hospital	hôpital	Krankenhaus	ospedale	hospital
huevo	egg	œuf	Ei	uovo	ovo

I

idioma	language	langue	Sprache	lingua	idioma
imaginar	to imagine, to suppose	imaginer	sich vorstellen, vermuten	immaginare	imaginar
importante	important	important	wichtig	importante	importante
incluido	including, inclusive	inclus, compris	einschließlich, inklusive	incluso, compresso	incluído
información	information	information	Information, Auskunft	informazione	informação
informático	computer specialist	informaticien	Informatiker	informatico	informático
inscripción	enrollment, registration	inscription	Einschreibung	iscrizione	inscrição
instrucción	instruction	instruction	Ausbildung	istruzione	instrução
interesante	interesting	intéressant	interessant	interessante	interessante
invierno	winter	hiver	Winter	inverno	inverno
izquierda	left	gauche	links	sinistra	esquerda

J

jamón	ham	jambon	Schinken	prosciutto	presunto espanhol
jardín	garden, yard	jardin	Garten	giardino	jardim
jarra	jug, pitcher	carafe, cruche	Krug	brocca, caraffa	jarra
jersey	jersey, sweater	pull-over	Pullover	jersey, maglia	pulôver
jueves	Thursday	jeudi	Donnerstag	giovedì	quinta-feira
jugador	player	joueur	Spieler	giocatore	jogador
jugar	to play	jouer	spielen	giocare	brincar, jugar
julio	July	juillet	Juli	luglio	julho
junio	June	juin	Juni	giugno	junho

K

kilo	kilo	kilo	Kilo	chilo	quilo

L

labio	lip	lèvre	Lippe	labbro	lábio
lámpara	lamp	lampe	Lampe	lampada	candeeiro (abajur)
lana	wool	laine	Wolle	lana	lã
lápiz	pencil	crayon de papier	Bleistift	matita	lápis
largo	long	long	lang	lungo	comprido
lata	can, tin	boîte	Dose	lattina, barattolo	lata
lavabo	washbasin	lavabo	Waschbecken	lavandino	lavatório (pia)
lavadora	washing machine	machine à laver	Waschmaschine	lavatrice	máquina de lavar
lavandería	laundry	blanchisserie	Wäscherei	lavanderia	lavandaria (lavanderia)

noventa y cinco **95**

ESPAÑOL	INGLÉS	FRANCÉS	ALEMÁN	ITALIANO	PORTUGUÉS
lavar(se)	to wash	(se) laver	sich waschen	lavarsi	lavar(-se)
lavavajillas	dishwasher	lave-vaisselle	Geschirrspüler	lavastoviglie	máquina de lavar louça
lección	lesson	leçon	Lektion	lezione	lição
leche	milk	lait	Milch	latte	leite
lechuga	lettuce	laitue	Kopfsalat	lattuga	alface
lectura	reading	lecture	Lektüre	lettura	leitura
leer	to read	lire	lesen	leggere	ler
legumbre	legume, vegetable	légume sec	Hülsenfrucht	legume	legume
lejano	far-off	lointain	entfernt, fern	lontano	distante
lejos (de)	far	loin (de)	weit, fern	lungi, lontano	longe (de)
lengua	language, tongue	langue	Sprache, Zunge	lingua	língua
lenguado	sole	sole	Seezunge	sogliola	linguado
león	lion	lion	Löwe	leone	leão
levantarse	to get up	se lever	aufstehen	alzarsi	levantar-se
librería	bookshop	librairie	Buchhandlung	libreria	livraria
libro	book	livre	Buch	libro	livro
limón	lemon	citron	Zitrone	limone	limão
limpiar	to clean	nettoyer	putzen	pulire	limpar
limpieza	cleaning, cleanliness	nettoyage, propreté	Putzen, Reinigen	pulizia	limpeza
líquido	liquid	liquide	Flüssigkeit	liquido	líquido
liso	smooth, flat	lisse, plat	glatt, flach	liscio	liso
local	premises, place	établissement	Raum, Lokal	locale	local
lugar	place	lieu, endroit	Ort	luogo	lugar
lujo	luxury	luxe	Luxus	lusso	luxo
luminoso	bright, luminous	lumineux	hell, leuchtend	luminoso	luminoso
luna	moon	lune	Mond	luna	lua
lunes	Monday	lundi	Montag	lunedì	segunda-feira
llamarse	to be called	s'appeler	heißen	chiamarsi	chamar-se
llegar	to arrive	arriver	ankommen	arrivare	chegar
llevar	to take, to carry, to wear	porter	tragen	portare	levar
llover	to rain	pleuvoir	regnen	piovere	chover
lluvia	rain	pluie	Regen	pioggia	chuva

M

ESPAÑOL	INGLÉS	FRANCÉS	ALEMÁN	ITALIANO	PORTUGUÉS
magdalena	madeleine	madeleine	Madeleine (Biskuit)	maddalena	queque (muffin)
madre	mother	mère	Mutter	madre	mãe
mal	bad, badly, wrong	mal, mauvais	schlecht	male	mal
maleta	suitcase	valise	Koffer	valigia	mala
mano	hand	main	Hand	mano	mão
mantel	tablecloth	nappe	Tischtuch	tovaglia	toalha de mesa
manzana	apple	pomme	Apfel	mela	maçã
mañana	tomorrow	demain	morgen	domani	manhã
mapa	map	carte	Landkarte	carta, mappa	mapa
mar	sea	mer	Meer, See	mare	mar
maratón	marathon	marathon	Marathon	maratona	maratona
marcar	to mark	marquer	markieren, kennzeichnen	segnare, marcare	marcar
marisco	seafood	fruits de mer	Meeresfrucht	frutti di mare	marisco
marrón	brown	marron	braun	marrone	marrom
martes	Tuesday	mardi	Dienstag	martedì	terça-feira
marzo	March	mars	März	marzo	março
más	more	plus	mehr	più	mais
masculino	masculine	masculin	maskulin	maschile	masculino
Matemáticas	mathematics	mathématiques	Mathematik	matematica	matemática
mayo	May	mai	Mai	maggio	maio
médico	doctor	médecin	Arzt	dottore	médico
mejilla	cheek	joue	Wange	guancia	bochecha
mejillón	mussel	moule	Miesmuschel	cozza	mexilhão
melón	melon	melon	(Zucker)melone	melone	melão
menos	less	moins	weniger	meno	menos
menú	menu	menu	Menü, Speisekarte	menù	ementa (cardápio)
merendar	to have an afternoon snack	goûter	vespern	mangiare a merenda	lanchar
merienda	afternoon snack	goûter	Vesper	merenda, spuntino	lanche
merluza	hake	merlu, colin	Seehecht	nasello	pescada (merluza)
mesa	table	table	Tisch	tavolo	mesa
mesón	tavern, inn	auberge	Gasthaus, Gaststätte	osteria	bar
metro	underground, subway	métro	U-Bahn	metropolitana	metro (metrô)
miembro	limb	membre	Glied	arto	membro
miércoles	Wednesday	mercredi	Mittwoch	mercoledì	quarta-feira
mirar	to look	regarder	schauen, ansehen	guardare	olhar
mochila	satchel, backpack	sac à dos	Rucksack, Schulranzen	cartella	mochila
moderno	modern	moderne	modern	moderno	moderno /-as
momento	moment	momento	Augenblick, Moment	attimo	momento
moreno	dark, brown	brun	braun	bruno	moreno /-a

ESPAÑOL	INGLÉS	FRANCÉS	ALEMÁN	ITALIANO	PORTUGUÉS
moto	motorcycle, scooter	moto	Motorrad	moto	moto
mucho	much, a lot	beaucoup	viel	molto	muito
mueble	piece of furniture	meuble	Möbelstück	mobile	móvel
mundo	world	monde	Welt	mondo	mundo
museo	museum	musée	Museum	museo, galleria	museu
música	music	musique	Musik	musica	música
músico	musician	musicien	Musiker	musicista, musico	músico
muy	very	très	sehr	molto	muito

N

ESPAÑOL	INGLÉS	FRANCÉS	ALEMÁN	ITALIANO	PORTUGUÉS
naranja	orange	orange	Apfelsine, Orange	arancia	laranja
nariz	nose	nez	Nase	naso	nariz
nata	cream	crème	Sahne	panna	nata
natillas	custard	crème renversée	Cremespeise, Vanillepudding	crema inglese	creme
naturaleza	nature	nature	Natur	natura	natureza
Navidad	Christmas	Nöel	Weihnachten	Natale	natal
necesitar	to need	avoir besoin de	brauchen, benötigen	avere bisogno	necessitar
negativo	negative	négatif	negativ	negativo	negativo
negro	black	noir	schwarz	nero	preto
nieto	grandson	petit-fils	Enkel	nipote	neto
noreste	northeast	nord-est	Nordosten	nordest	nordeste
normal	normal	normal	normal	normale	normal
noroeste	northwest	nord-ouest	Nordwesten	nordovest	noroeste
norte	north	nord	Norden	nord	norte
nota	mark, grade	note	Note	voto	nota
noviembre	November	novembre	November	novembre	novembro
nuevo	new	neuf, nouveau	neu	nuovo	novo
número	number	numéro, nombre	Nummer, Zahl	numero	número
nunca	never	jamais	nie, niemals	mai	nunca

O

ESPAÑOL	INGLÉS	FRANCÉS	ALEMÁN	ITALIANO	PORTUGUÉS
objeto	object	objet	Gegenstand, Objekt	oggetto	objeto
obligación	obligation, duty	devoir, obligation	Pflicht	dovere, obbligo	obrigação
observar	to watch, to observe	observer, regarder	beobachten	osservare, guardare	observar
ocasión	occasion, opportunity	occasion	Gelegenheit	occasione	ocasião
octubre	October	octobre	Oktober	ottobre	outubro
odiar	to hate	détester, haïr	hassen	odiare	odiar
oído	ear	oreille	Gehör	orecchio	ouvido
oír	to hear	entendre	hören	sentire	ouvir
ojo	eye	oeil	Auge	occhio	olho
oler	to smell	sentir (odeur)	riechen	odorare, sentire	cheirar
oral	oral	oral	mündlich	orale	oral
orden	order	ordre	Befehl	ordine	ordem
ordenador	computer	ordinateur	Computer, Rechner	computer	computador
oreja	ear	oreille	Ohr	orecchia	orelha
organizar	to organize, to arrange	organiser	organisieren	organizzare	organizar
oscuro	dark	obscur	dunkel	scuro, cupo	escuro
otoño	fall, autumn	automne	Herbst	autunno	outono

P

ESPAÑOL	INGLÉS	FRANCÉS	ALEMÁN	ITALIANO	PORTUGUÉS
paciencia	patience	patience	Geduld	pazienzia	paciência
padre	father	père	Vater	padre	pai
pagar	to pay	payer	zahlen, bezahlen	pagare	pagar
país	country	pays	Land	paese	país
paisaje	landscape	paysage	Landschaft	paesaggio	paisagem
palabra	word	mot, parole	Wort	parola	palavra
palacio	palace	palais	Palast	palazzo	palácio
pan	bread	pain	Brot	pane	pão
pantalón	trousers, pants	pantalon	Hose	pantaloni, calzoni	calça
pantalón vaquero	jeans	jean	Jeans	jeans	calça de ganga (calça jeans)
pañuelo	handkerchief, scarf	mouchoir, foulard	Taschentuch	fazzoletto	lenço
papelera	wastebasket, litter bin	corbeille à papier, poubelle	Papierkorb, Abfallkorb	cestino, cestino dei rifiuti	cesto de papéis (lixeira)
pared	wall	mur	Wand, Mauer	parete, muro	parede
parte	part	partie, part	Teil, Gegend	parte	parte

noventa y siete **97**

ESPAÑOL	INGLÉS	FRANCÉS	ALEMÁN	ITALIANO	PORTUGUÉS
pasar	to go past, to pass	passer	vorbeikommen, vorbeigehen	passare	entrar
pasear	to walk	promener	spazieren gehen	passeggiare	passear
pasillo	corridor	couloir	Korridor, Flur	corridoio	corredor
pasta	pasta	pâtes	Nudeln, Teigwaren	pasta	massa
patata	potato	pomme de terre	Kartoffel	patata	batata
patatas fritas	chips, French fries	frites, chips	Pommes frites, Kartoffelchips	patate fritte, patatine	batatas fritas
pecho	chest, breast	poitrine	Brust	petto	peito
pedir	to ask (for), to order	demander, commander	bitten, bestellen	chiedere, ordinare	pedir
peinarse	to comb	se peigner, se coiffer	sich kämmen	pettinarsi	pentear-se
pelirrojo	red-haired	roux	rothaarig	dai capelli rossi	ruivo
pelo	hair	cheveux	Haar	capello, pelo	cabelo
pelota	ball	balle, ballon	Ball	palla	bola
pensar	to think	penser	denken	pensare	pensar
pequeño	small	petit	klein	piccolo	pequeno
pera	*pear*	*poire*	*Birne*	*pera*	*pera*
perro	dog	chien	Hund	cane	*cão (cachorro)*
persona	person	personne	Person, Mensch	persona	pessoa
pescado	fish	poisson	Fisch	pesce	peixe
pestaña	*eyelash*	*cil*	*Wimper*	*ciglio*	*pestana*
pie	foot	pied	Fuß	piede	pé
pierna	leg	jambe	Bein	gamba	perna
pintura	paint, painting	peinture	Farbe, Lack	vernice, colore	pintura
piscina	swimming pool	piscine	Schwimmbad	piscina	piscina
piso	flat, apartment	appartement	Wohnung	appartamento	apartamento
pizarra	blackboard	tableau	Tafel	lavagna	quadro
plan	plan	plan, carte	Plan	piano	plano
planear	to plan	projeter	planen	pianificare, organizzare	*planear (planejar)*
plano	plan, map	plan	Stadtplan	pianta	plano
plátano	*banana*	*banane*	*Banane*	*banana*	*banana*
plato	dish	assiette, plat	Teller	piatto	prato
playa	beach	plage	Strand	spiaggia	praia
plural	plural	pluriel	Plural	plurale	plural
poco	little	peu	wenig	poco	pouco
pollo	chicken	poulet	Hähnchen	pollo	frango
poner	to put	mettre	legen, stellen	mettere, porre	pôr
positivo	positive	positif	positiv	positivo	positivo
postal	postcard	carte postale	Postkarte	cartolina	postal
postre	dessert	dessert	Nachtisch	dessert	sobremesa
practicar	to practice	pratiquer	üben	praticare	praticar
precio	price	prix	Preis	prezzo	preço
precioso	lovely, beautiful	ravissant, charmant	reizend	bellisimo	precioso
preferir	to prefer	préférer	vorziehen	preferire	preferir
preguntar	to ask	demander	fragen	domandare	perguntar
prenda	garment	vêtement	Kleidungsstück	capo d'abbigliamento	peça de roupa
preparar	to prepare	préparer	vorbereiten	preparare	preparar
presentarse	to introduce oneself	se présenter	sich vorstellen	presentarsi	apresentar-se
primavera	spring	printemps	Frühling	primavera	primavera
primo	cousin	cousin	Cousin	cugino	primo
problema	problem	problème	Problem	problema	problema
producto	product	produit	Produkt	prodotto	produto
profesor	professor, teacher	professeur	Professor, Lehrer	professore	professor
programa	program	émission	Sendung, Programm	programma	programa
pronunciar	to pronounce	prononcer	aussprechen	pronunciare	pronunciar
próximo	next	prochain, suivant	nächste	prossimo, seguente	próximo
proyecto	plan, project	projet	Plan, Projekt	progetto	projeto
pueblo	village, small town	village	Dorf	paese, villaggio	povo
puerta	door	porte	Tür	porta	porta
pupitre	desk	pupitre, table	Schulbank	banco	carteira escolar
puré	*purée*	*purée*	*Purée, Brei*	*purè, passato*	*purê*

Q

queso	cheese	fromage	Käse	formaggio	queijo
quitar	to take away, to take off	enlever, ôter	entfernen, wegnehmen	togliere, levare	tirar

ESPAÑOL	INGLÉS	FRANCÉS	ALEMÁN	ITALIANO	PORTUGUÉS
R					
rápido	fast, quick	vite	schnell	rapido, veloce	rápido
rato	while	quelque temps, moment	Weile	pezzo	momento
recibir	to receive	recevoir	empfangen	ricevere	receber
refrescos	refreshments, soft drinks	refraîchissements	Erfrischungsgetränke	rinfreschi	refrigerantes
regalo	present, gift	cadeau	Geschenk	regalo	presente
regla	ruler	règle	Lineal	righello	regular
regular	regular	régulier, moyen	regulär	regolare	relacionar
relacionar	to relate, to link	mettre en rapport	in Zusammenhang bringen	collegare, associare	repetir
repetir	to repeat	répéter	wiederholen	ripetere	reportagem
reportaje	report, story	reportage	Bericht, Reportage	reportage, servizio	restaurante
retrete	lavatory, loo	toilettes	Toilette	gabinetto	sanita (vaso sanitário)
revista	magazine	revue, magazine	Zeitschrift	rivista	revista
rico	delicious	délicieux	lecker	delizioso	gostoso
rizado	curly	frisé	lockig	riccio	encaracolado (cacheado)
rodilla	knee	genou	Knie	ginocchio	joelho
rojo	red	rouge	rot	rosso	vermelho
ropa	clothes	vêtements	Kleidung	vestiti, roba	roupa
rubio	fair, blond	blond	blond	biondo	louro
S					
sábado	Saturday	samedi	Samstag, Sonnabend	sabato	sábado
sabroso	tasty	savoureux, délicieux	schmackhaft, lecker	gustoso	saboroso (gostoso)
sacapuntas	pencil sharpener	taille-crayon	Anspitzer	temperamatite	afia-lápis (apontador)
sal	salt	sel	Salz	sale	sal
salado	salty	salé	salzig	salato	salgado
salchicha	sausage	saucisse	Wurst	salsiccia	salsicha
salir	to go out, to leave	sortir	ausgehen	uscire	sair
salón	parlor, sitting room	salon	Wohnzimmer	salone	sala
salud	health	santé	Gesundheit	salute	saúde
saludar	to greet	saluer	grüßen	salutare	cumprimentar
saludo	greeting	salut, salutation	Gruß	saluto	cumprimento
sardina	sardine	sardine	Sardine	sardina	sardinha
secretaría	secretariat	secrétariat	Sekretariat	segreteria	secretaria
seda	silk	soie	Seide	seta	seda
semana	week	semaine	Woche	settimana	semana
sencillo	simple	simple	einfach	semplice	simples
sentarse	to sit, to sit down	s'asseoir	sich setzen	sedersi	sentar-se
sentimiento	feeling	sentiment	Gefühl, Empfindung	sentimento	sentimento
señalar	to mark, to indicate	marquer, indiquer	kennzeichnen, anzeigen	segnare, indicare	assinalar
septiembre	September	septembre	September	settembre	setembro
servilleta	napkin	serviette	Serviette	tovagliolo	guardanapo
siempre	always	toujours	immer	sempre	sempre
siesta	siesta, nap	sieste	Siesta, Mittagsschlaf	siesta	sesta
siguiente	following, next	suivant	folgend	seguente	seguinte
sílaba	syllable	syllabe	Silbe	sillaba	sílaba
silla	chair	chaise	Stuhl	sedia	cadeira
sillón	armchair	fauteuil	Sessel	poltrona	poltrona
singular	singular	singulier	eigen, eigenartig	singolare	singular
situación	situation, position	situation	Lage, Situation	situazione	situação
sobrino	nephew	neveu	Neffe	nipote	sobrinho
sofá	sofa, couch	canapé	Sofa	divano	sofá
sol	sun	soleil	Sonne	sole	sol
soltero	single, bachelor	célibataire	ledig	celibe	solteiro
sombrero	hat	chapeau	Hut	cappello	chapéu
sonido	sound	son	Ton, Klang	suono	som
sopa	soup	soupe	Suppe	minestra, zuppa	sopa
sorpresa	surprise	surprise	Überraschung	sorpresa	surpresa
soso	tasteless, bland	fade, insipide	ungesalzen, fade	insipido	sem sal
sudadera	sweatsuit, sweatshirt	sweat-shirt	Sweatshirt	sweatshirt	casaco de moletom
suelo	floor, ground	sol, plancher	Boden	pavimento, suolo	chão
suerte	luck	chance, sort	Glück	fortuna	sorte
supermercado	supermarket	supermarché	Supermarkt	supermercato	supermercado
sur	south	sud	Süden	sud	sul
sureste	southeast	sud-est	Südosten	sud-est	sudeste
suroeste	southwest	sud-ouest	Südwesten	sud-ovest	sudoeste

ESPAÑOL	INGLÉS	FRANCÉS	ALEMÁN	ITALIANO	PORTUGUÉS
T					
taberna	tavern, bar	bistrot	Kneipe	taverna, osteria	bar
tabla	table, board	table, tableau	Tabelle, Tafel	tavola, tabella	tabela
talla	size	taille	Größe	taglia	tamanho
tapas	bar snacks, tapas	amuse-gueules, tapas	Häppchen, Tapas	stuzzichini, tapas	petiscos
tarde	afternoon, evening, late	après-midi, soir, tard	Nachmittag, Abend, spät	pomeriggio, sera, tardi	tarde
tarea	task, job	tâche, travail	Aufgabe, Arbeit	compito, lavoro	tarefa
tarta	cake, tart	gâteau, tarte	Torte	torta	torta
taxi	taxi, cab	taxi	Taxi	tassì, taxi	táxi
taza	cup	tasse	Tasse	tazza	xícara
té	tea	thé	Tee	tè	chá
teatro	theater	théâtre	Theater	teatro	teatro
techo	ceiling	plafond	Decke	soffitto	teto
teléfono	telephone	téléphone	Telefon	telefono	telefone
televisión	television	télévision	Fernsehen	televisione	televisão
temperatura	temperature	temperature	Temperatur	temperatura	temperatura
temprano	early	de bonne heure	früh	presto	cedo
tenedor	fork	fourchette	Gabel	forchetta	garfo
tener	to have	avoir	haben	avere	ter
tenis	tennis	tennis	Tennis	tennis	tênis
terminar	to finish, to end	finir	abschließen, beenden	finire	terminar
ternera	veal	veau	Kalb	vitello	vitela
terraza	terrace, balcony	terrasse	Terrasse	terrazza	terraço
texto	text	texte	Text	testo	texto
tiempo	time	temps	Zeit	tempo	tempo
tiempo (atmosférico)	weather	temps	Wetter	tempo	tempo
tienda	shop, store	boutique, magasin	Geschäft, Laden	negozio	loja
tío	uncle	oncle	Onkel	zio	tio
tipo	type, sort, kind	type, sorte	Art, Sorte	tipo	tipo
tiza	chalk	craie	Kreide	gesso	giz
tocar	to touch, to play	toucher, jouer (d'un instrument)	berühren, spielen	toccare, suonare	tocar
todo	all, everything	tout	alles, ganz	tutto	todo
tomar	to take, to have	prendre	nehmen, einnehmen	prendere	tomar
tomate	tomato	tomate	Tomate	pomodoro	tomate
tortilla	omelet	omelette	Omelett(e), Tortilla	frittata	prato típico espanhol
tos	cough	toux	Husten	tosse	tosse
tostada	piece of toast	toast	Toast	crostino	torrada
trabajar	to work	travailler	arbeiten	lavorare	trabalhar
tradicional	traditional	traditionnel	traditionell	tradizionale	tradicional
traducir	to translate	traduire	übersetzen	tradurre	traduzir
tráfico	traffic	circulation	Verkehr	traffico	trânsito
traje	suit, dress	costume, robe	Anzug, Kleid	vestito, abito	fato (terno)
transporte	transport, transportation	transport	Transport, Beförderung	trasporto	transporte
U					
unir	to join, to link, to unite	unir, assembler, relier	verbinden, vereinen	unire, collegare	unir
universidad	university	université	Universität, Hochschule	università	universidade
urbanización	development	lotissement	Wohnsiedlung	complesso edilizio	condomínio
V					
vacaciones	holidays, vacation	vacances	Urlaub, Ferien	vacanze	férias
vacío	empty	vide	leer	vuoto	vazio
variado	varied	varié	vielfältig, verschieden	vario, svariato	variado
vaso	glass	verre	Glas, Becher	bicchiere	copo
ventana	window	fenêtre	Fenster	finestra	janela
verano	summer	été	Sommer	estate	verão
verbo	verb	verbe	Verb	verbo	verbo
verde	green	vert	grün	verde	verde
verdura	vegetable	légume vert	Gemüse	verdura	verdura
vestido	garment, dress	vêtement	Kleid	vestito	vestido
vestirse	to dress	s'habiller	sich anziehen	vestirsi	vestir-se
vez	time	fois	Mal	volta	vez
viaje	trip, journey	voyage	Reise	viaggio	viagem
viento	wind	vent	Wind	vento	vento
viernes	Friday	vendredi	Freitag	venerdì	sexta-feira
vino	wine	vin	Wein	vino	vinho
visitar	to visit	visiter	besuchen, besichtigen	visitare	visitar

ESPAÑOL	INGLÉS	FRANCÉS	ALEMÁN	ITALIANO	PORTUGUÉS
viudo	widower	veuf	Witwer	vedovo	viúvo
vivir	to live	vivre, habiter	leben, wohnen	vivere, abitare	viver
vocabulario	vocabulary	vocabulaire	Wortschatz	vocabolario	vocabulário
volver	to come back	rentrer	zurückkommen	ritornare, rientrare	voltar
voz	voice	voix	Stimme	voce	viz

Y

yogur	yoghurt	yaourt	Jogurt	yogurt	iogurte

Z

ESPAÑOL	INGLÉS	FRANCÉS	ALEMÁN	ITALIANO	PORTUGUÉS
zapatería	shoe shop	magasin de chaussures	Schuhgeschäft	calzoleria	sapataria
zapatilla	slipper	chausson, pantoufle	Pantoffel, Hausschuh	pantofola, ciabatta	pantufas
zapatillas de deporte	trainers, sneakers	chaussures de sport	Turnschuhe, Trainingsschuhe	scarpe da ginnastica de deporte	tênis
zapato	shoe	soulier, chaussure	Schuh	scarpa	sapato
zona	area	zone	Zone, Gebiet	zona	zona
zumo	juice	jus	Saft	succo, spremuta	sumo (suco)

GIROS Y EXPRESIONES. Traduce a tu idioma

Unidad 1. La clase

Buenos días _____
Buenas tardes _____
Buenas noches _____
¡Hola! _____
Hasta luego / Adiós _____
¿De dónde eres? _____

Encantado _____
Gracias _____
Hasta pronto _____
Hasta mañana _____
¿Qué tal estás? _____

Unidad 2. Mi casa

A las afueras _____
En el centro _____
A la derecha _____
A la izquierda _____

Al lado (de) _____
Junto a _____
Sobre _____
Dentro de _____

Unidad 3. El cumpleaños de la abuela

Estar casado/a _____
Estar soltero/a _____
Estar viudo/a _____
Estado civil _____

Tener un hijo / una hija _____
Familia numerosa _____
¿Qué día es tu cumpleaños? _____

Unidad 4. Un día normal y corriente

Por la mañana _____
Por la tarde _____
Por la noche _____
Al mediodía _____
¿Qué hora es? _____
A medianoche _____
¿Cuándo quedamos? _____

¿A qué hora quedamos? _____
A las nueve nos vemos _____
¿Cómo vas a casa? _____
Voy en coche _____
A menudo _____
A veces _____

ciento una 101

Unidad 5. Hoy comemos fuera

¿Nos puede traer la carta? _____
¿Qué van a tomar? _____
De primer plato / De primero _____
De segundo (plato) _____
De postre _____
Por favor, ¿nos trae la cuenta? _____
¿Qué le debo? _____

¡Que aproveche! _____
¡Qué rico (está)! _____
Cocinar / Hacer a la plancha _____
Menú del día _____
Precio económico _____
Me gusta(n) / Me encanta(n) _____

Unidad 6. ¿Qué te pasa?

¿Qué te pasa? _____
¿Qué te duele? _____
No me encuentro bien _____
Tienes mala cara _____
Estar nervioso _____
Tengo frío / sueño / fiebre _____
Tengo hambre / sed _____

Me duele la cabeza _____
Tengo dolor de oídos _____
Estar resfriado _____
Estar en forma _____
Hay que descansar _____
Debes ir al médico _____
Tienes que comer más _____